Lara B. Schreiber

AF140882

Gefeuert, outgesourct, unglücklich im Job?

Gefeuert, outgesourct, unglücklich im Job?

Wie man sich neu sortiert und positioniert!

Lara B. Schreiber, München 2015

www.endlich-arbeitslos.de

Das Buch

Dinge verändern sich: Technologien, Moden, Strukturen. Oft zwingen diese Veränderungen Menschen in Situationen, die ihnen unerträglich erscheinen: Sie werden gefeuert oder zu schlechteren Bedingungen in ein Zulieferunternehmen ausgelagert. Wie wird man damit fertig?

Andererseits verändert man sich aber auch selbst im Laufe seines Arbeitslebens. Was einem gestern vielleicht noch Antrieb war, macht heute unglücklich oder sogar krank.

Unerfreuliche Situationen kann man dafür nutzen, sich neu zu sortieren und zu positionieren – etwas finden, das einen später sagen lassen wird: *Mir hätte nichts Besseres passieren können.* Die Kraft und die Motivation dazu will Lara B. Schreiber auch ihren Lesern vermitteln.

Die Autorin

Lara B. Schreiber arbeitete mit Begeisterung als technische Redakteurin in der Mobilfunknetzentwicklung eines großen, deutschen Unternehmens, dann kam die Talfahrt des Unternehmenszweiges. „Beendigung Ihres Arbeitsverhältnisses" stand auf dem Schriftstück, das einer der Manager ihr in die Hand drückte.

„Ich fasste schnell den Entschluss, mich nicht zum Opfer machen zu lassen."

Die Autorin bildete sich weiter, fand neue interessante berufliche Aufgaben als technische Redakteurin und Web-Content-Managerin, bis sie sich schließlich für die Freiberuflichkeit entschied. Heute ist Lara B. Schreiber freie Journalistin, Bloggerin, Texterin und Autorin.

„Leben ist Veränderung"

Bibliografische Information der Deutschen Bibliothek

Die Deutsche Bibliothek verzeichnet diese Publikation in der
Deutschen Nationalbibliografie; detaillierte bibliografische Daten sind
im Internet über <http://dnb.ddb.de> abrufbar.

3. überarbeitete Auflage "Gefeuert, outgesourct, unglücklich im Job"
© Lara B. Schreiber, Freising 2015

Frühere Auflagen erschienen 2003 (BoD) und
2007 (W. Bertelsmann) unter dem Titel "Endlich arbeitslos"
© Lara B. Schreiber

Herstellung und Verlag der aktuellen Auflage:
BoD – Books on Demand, Norderstedt
ISBN 978-3-7386-1457-2

Inhalt

8

9

Hinweis

Die Angaben in diesem Buch basieren auf persönlichen Erfahrungen und sorgfältigen Recherchen. Das rechtliche Umfeld ändert sich jedoch ständig. Wir können keine Garantie und Verantwortung dafür übernehmen, dass alle Angaben vollständig, richtig und in letzter Aktualität dargestellt sind.
Links zu Webseiten werden Ihnen in diesem Buch als reine Serviceleistung bzw. als Hinweis angeboten. Alle genannten Produktnamen, Produktbezeichnungen und Logos sind eingetragene Warenzeichen und Eigentum der jeweiligen Rechteinhaber.
Jede Haftung ist ausgeschlossen.

I. Einleitung

Gefeuert! Man fühlt sich furchtbar, wenn einem mitgeteilt wird, dass man entlassen ist – auch, wenn man keine Schuld daran hat. Schließlich sind wir Kinder einer Leistungsgesellschaft und identifizieren uns mehr oder weniger über den Beruf. Doch nun sagt man uns, dass unsere Arbeit nicht mehr gebraucht oder outgesourct wird, also in Zukunft von externen Unternehmen billiger gemacht wird.

Plötzlich ist man für das Unternehmen nur noch ein Kostenfaktor, der reduziert werden muss. Das ist niederschmetternd, kann das Selbstvertrauen erschüttern und den ganzen Lebensplan durcheinanderwirbeln. Diese Erfahrung mussten ich und sehr viele andere Menschen in ihrem Leben schon machen. Und viele nicht nur einmal!

Wie kommt man aus der niedergeschlagenen Stimmung wieder heraus, die so ein Erlebnis mit sich bringt? Wie kann man die Situation zu seinem Vorteil nutzen? Dieses Buch ist von mir als einer Betroffenen für andere Betroffene geschrieben. Es bietet Erfahrungen und eine Schritt-für-Schritt-Anleitung von der Überwindung des Jobverlustes hin zur Neuorientierung.

> *"Mich nicht unterkriegen lassen, heißt für mich: Aus einer schlimmen Situation etwas herauszuholen, das mich später sagen lassen wird: Mir hätte nichts Besseres passieren können."*

Doch nicht nur Menschen, die ihren Job verloren haben, können todunglücklich mit ihrer beruflichen Situation sein. Die Statistiken zeigen, dass bis zu einem Viertel der Arbeitnehmer innerlich bereits gekündigt haben. Ursachen dafür können Unterforderung, Überforderung, Enttäuschung wegen fehlender Anerkennung und vieles mehr sein. Vielleicht hat man sich aber auch selbst im Laufe der Jahre verändert und legt nun Wert auf andere Dinge als zu Beginn der beruflichen Laufbahn.

Das Buch soll den Lesern und Leserinnen helfen, ihre Talente und Prioritäten neu zu entdecken. Es zeigt ihnen, welche Möglichkeiten sie haben und sie finden heraus, welche an diesem Zeitpunkt ihres Lebens am besten zu ihnen passen.

Wenn ich im weiteren Buch Empfehlungen ausspreche in der Art von „Machen Sie sich eine Liste ...", so sind das Tipps und Ratschläge aufgrund meiner eigenen Erfahrungen. Was für Sie richtig ist, können Sie letztendlich nur selbst entscheiden. Sie müssen die Verantwortung für sich und Ihr Leben übernehmen, auch wenn Sie in eine Situation katapultiert wurden, die Sie gar nicht wollten.

Ich wünsche Ihnen für die folgende Zeit vor allem reichlich Inspiration und Zähigkeit.

Ihre Lara B. Schreiber

II. Wem die Stunde schlägt ...

Niedergang des Neuen Marktes, Konsolidierung in der Informationstechnologie- und Telekommunikationsbranche, Bankenkrisen, Finanzkrisen, Globalisierung, Umstrukturierungen und Firmenpleiten ohne Ende. Das hört sich alles ganz spannend an, solange man es als Zahlenspiel auf dem Börsenticker verfolgt. Oder solange man zu denen gehört, die managen und bleiben dürfen, und nicht zu denen, die Folgen von Entscheidungen und Fehlentscheidungen tatsächlich ausbaden müssen.

Plötzlich war mein Arbeitsplatz weg. Komisch, denn eigentlich hatte es in der Betriebsvereinbarung vor zwei Wochen geheißen, dass bisher extern vergebene Arbeit durch interne Arbeitskräfte geleistet werden soll. Mit dieser Strategie sollten die eigenen Arbeitsplätze erhalten werden, nachdem das Management zugegeben hatte, dass sich der Markt ganz anders entwickelt hatte, als man es vorausgesehen hatte. Aber diese Strategie war wohl nicht zum mittleren Management vorgedrungen, das genau das Gegenteil davon tat, denn wie konnte es sonst sein, dass ich vor die Tür gesetzt wurde und meine Arbeit sofort extern vergeben wurde?

Es war einmal ...

Ich kam an einem Montag um acht Uhr morgens ins Büro. Wie festlich wirkt doch die Bürobeleuchtung an so einem trüben Novembertag, dachte ich. Aber vielleicht ließ mich die Freude an meiner Arbeit das denken.

Ich schaltete den Computer an. Ah, ein Eintrag in meinem elektronischen Kalender von der Sekretärin des übernächsten

Chefs meines Chefs, im Folgenden Chef-vom-Chef-vom-Chef genannt. In diesem Riesenunternehmen ist der Chef-vom-Chef-vom-Chef von oben in der Hierarchie aus gesehen sehr weit unten, aber von uns aus - dem Fußvolk - so weit weg wie einer der Monde des Jupiter, bedauerlicherweise mit mehr nachweisbarem Einfluss auf uns.

Also, reserviert hatte sie, die Sekretärin, in meinem Kalender fünfzehn Minuten, nämlich von 10 Uhr bis 10.15 Uhr. Im Betreff des Eintrags stand mein Name (woran wollte sie mich damit erinnern?), bei Ort stand eine dreistellige Ziffer, die mit der Zimmernummer vom Chef-vom-Chef-vom-Chef übereinstimmte. Ich bestätigte den Termin mit einem Mausklick.

Wow, ich kriege eine Audienz, strahlte ich alle in meiner Umgebung an. Was könnte der Grund sein? Will er, der Chef-vom-Chef-vom-Chef, endlich seine Mitarbeiter persönlich kennenlernen? Etwas falsch gemacht hatte ich nicht, oder? Nein, mir fiel nichts ein. Also konnte es nur etwas Gutes bedeuten.

Hatten die da oben endlich mein Engagement und meine Leistung wahrgenommen? Vielleicht bieten sie mir ja die erhoffte Chance. Interesse an größeren Herausforderungen habe ich ja schon des Öfteren bekundet. Hat mich jemand herausleuchten sehen aus dem Heer der vielen Tausend Mitarbeiter? Hat jemand meine Talente erkannt? Oder bin ich über die erlaubten 10 Stunden Tagesarbeitszeit gekommen, obwohl doch die inoffizielle Anweisung war, taktisch klug rechtzeitig auszustempeln, damit die Chefs keinen Ärger vom Betriebsrat bekommen? Nein, ich hatte aufgepasst. Es musste also etwas Gutes sein, weswegen ich nach oben gerufen wurde.

Nur meine Kollegen zweifelten. Oh oh, das ist kein gutes Zeichen, Lara, man wird nicht einfach so am Montagmorgen zum Chef-vom-Chef-vom-Chef gerufen, warnten sie mich.

Aber ich blieb unbeschwert, die wollten mich wohl veräppeln. Ich hatte ein erholsames Wochenende gehabt, fühlte mich topfit und allen Belobigungen gewachsen. Ich sah mich schon als eine Art Mitarbeiter des Monats. So dumm war ich!

Reingefallen

Nun, die Vorfreude auf die Audienz hielt bis 9.42 Uhr. Da rief mich nämlich mein direkter Chef, das Zentrum unseres eigenen sehr kleinen, organisatorischen Sonnensystems in diesem Firmen-Universum, an. Mein netter Chef stand da mit einem grünen Gesicht. Er war eben zu seinem Chef beordert worden, der ihm mitgeteilt hatte, dass ich gleich von dessen Chef dazu aufgefordert werden würde, in die neue Auffangeinheit für zu entsorgende Mitarbeiter zu gehen.

Na ja, ich geb zu, der richtige Name für diese Einheit klingt eine Nuance besser. Und ja, ich bin der Firma dankbar, dass sie mich nicht direkt vor die Tür der Bundesagentur für Arbeit – damals noch Arbeitsamt - gespuckt hat, sondern dank des Einsatzes des Betriebsrates diese Pufferzone in Form einer Auffanggesellschaft geschaffen hatte.

Nun, ich hatte ein paar Minuten Zeit meinen verrutschten Gesichtsausdruck zu sortieren und in Gips zu gießen. Dann musste ich antreten, um mir das Unsägliche noch einmal offiziell sagen zu lassen.

Kapitulation

Normalerweise bin ich eine Kämpferin. Wenn es sich lohnt. Aber schon im Fahrstuhl auf dem Weg zum Chef-vom-Chef-vom-Chef drängte sich ein Gedanke in den Vordergrund: Hier bin ich falsch.

Ähnliches wie heute war mir nämlich schon während meiner Probezeit ein Jahr zuvor widerfahren. Da hatte es plötzlich geheißen, alle in der Probezeit werden entlassen, man hätte sich bei der Bewertung der Geschäftsentwicklung vertan und zu viele Leute eingestellt. Tja, dumm gelaufen. Ich hatte mich gerade voller Inbrunst in meine neue Aufgabe gestürzt. Aber statt unfähige oder unmotivierte Mitarbeiter und Manager zu entlassen, nahm man einfach die, die sich nicht wehren konnten: alle Neuen, die haben nämlich keinen Kündigungsschutz. Und es war egal, ob jemand extra den Wohnort gewechselt hatte, um die neue Stelle anzutreten, oder wie gut oder schlecht sich jemand in dem Job machte. Neue raus, war das Motto.

Damals konnte mein Kündigungsvorgang dank einer höheren Fügung in Form eines Rundbriefes des Vorstandsvorsitzenden an alle Manager im letzten Augenblick abgebrochen werden. Und mein Einsatz zählte plötzlich doch. Tatsächlich hatte ich durch das Kündigungsgespräch den überübernächsten Chef kennengelernt und umgekehrt, und er hatte mich für wert befunden, mich zu behalten. Das Rundschreiben, das ein neues Motto für das mittlere Management enthielt, erlaubte ihm dies jetzt. Danke. Für viele andere engagierte Probezeitler kam die neue Anweisung leider zu spät.

Es blieb nicht bei dem einen Mal. Gleich nach der kurz darauf folgenden Umstrukturierung tauchte mein Name wieder auf einer Liste der Verdammten auf, diesmal bei einem neuen Chef-vom-Chef-vom-Chef. Und es wurde der frühere Chef-vom-Chef-vom-Chef gefragt, wieso ich eigentlich noch da sei (jedenfalls wurde mir das so zugetragen). Aber langer Rede kurzer Sinn, auch das konnte noch mal glatt gebügelt werden.

Ich war also immer noch da, und das nun seit einem Jahr und sechs Monaten. Bis eben, Montag 9.42 Uhr, hatte ich mich wieder total sicher gefühlt. Na ja, richtig gesagt: Die letzten zwei Wochen hatte ich mich sicher gefühlt. Endlich hatte unser Projekt Anerkennung gefunden. Unsere Arbeit war gelobt worden. Ich war zwar noch nicht ganz zufrieden mit meiner Bezahlung, aber es waren ja schwierige Zeiten, da muss man schon mal durch eine Durststrecke. Außerdem war mir gesagt worden, dass ich für meinen Einsatz noch mit einer Prämie zum Jahresende belohnt werden könnte. Jedenfalls in den letzten zwei Wochen hatte ich tatsächlich geglaubt, jetzt wird hier bald alles gut. Bis eben.

Jetzt stand ich also wieder vor einer weißen, nichtssagenden Tür. Stand genauso da wie vor etwas mehr als einem Jahr. Vor einem Büro mit einem Chef-vom-Chef-vom-Chef und einer Vertreterin der Personalabteilung. Und wieder würde ich mir antragen lassen müssen, zu gehen. Und wieder hätte es überhaupt nichts mit mir oder meiner Leistung zu tun, sondern nur damit, dass ich wegen mangelnder Betriebszugehörigkeit und anderen fehlenden Sozialpunkten keinen Schutz habe.

Ich klopfte, ging erhobenen Hauptes hinein und zog die gewünschte Show ab: die Mitarbeiterin, die mit jeder schwierigen Situation umgehen kann.

Nun, der neue Chef-vom-Chef-vom-Chef verlor ein paar kurze Worte, bevor er mir ein Schreiben überreichte: Beendigung Ihres Arbeitsverhältnisses. Die Vertreterin der Personalabteilung nickte dazu freundlich im Takt: ja ja, die schweren Zeiten, das liebe Geld. Und es hat auch nichts mit Ihnen zu tun.

Ich kapitulierte. Der Kampf um diesen Job war vorbei. Ich hatte in diesem Unternehmen eine spannende Karriere angestrebt, stattdessen war nur ein Kampf ums berufliche Überleben möglich gewesen. Ich nahm das Schreiben und den Vertrag für die Übernahme in die Auffangeinheit und ging.

Dies war meine berufliche Stunde Null – jedenfalls empfand ich es damals so, auch wenn ich den Vertrag zu diesem Zeitpunkt noch nicht unterschrieben hatte. Innerlich war ich hin- und hergerissen zwischen Wut und Enttäuschung, dann wieder wie betäubt und wie versteinert gleichzeitig. Die Außenwelt nahm ich an diesem Tag wie durch einen riesigen Wattebausch wahr, als lebte ich in meinem eigenen Kokon, aus dem ich vage die Außenwelt durchscheinen sah, aber an der ich nicht teilnahm - die Zeit im Kokon schien still zu stehen.

Ich überspielte vor mir und den Kollegen, was ich da an Schmerz einer Abgewiesenen, an Angst, Unsicherheit und Verletztheit fühlte. Schließlich war ich diejenige gewesen, die entschieden hatte, dass sich der Kampf hier nicht mehr lohnte. Aber dann kam ich nach Hause und ich fiel in ein großes Loch. Wie sollte es weitergehen? Warum ich? Warum waren all meine Freude an der Arbeit und mein Fleiß einfach weggewischt worden? Ich litt. Ich bekam Migräne und Bauchschmerzen. Ich meldete mich krank und heulte mich zwei Tage zu Hause aus.

Und wie war Ihre Entlassung? Oder: Was macht Sie in Ihrem Job unglücklich?

Ist es Ihnen auch so oder so ähnlich ergangen? Hat man Sie mit falschen Versprechungen, die man später nicht hielt, in die Firma gelockt? Hat man Sie rausgeekelt, in ein

Dienstleistungsunternehmen zu schlechteren Konditionen oder in eine Auffanggesellschaft gesteckt? Oder Sie einfach vor die Tür gesetzt?

Haben Sie gekämpft oder sich gleich in Ihr Schicksal ergeben? Und wie sind Sie mit diesem Erlebnis fertig geworden?

> *"Es sollte nicht jeder für sich alleine leiden. Wir sind viele. Schließen wir uns zusammen, tauschen wir uns aus. Schimpfen wir zusammen, diskutieren wir, helfen wir uns gegenseitig."*

Vielleicht gehören Sie aber auch zu dem Viertel der Arbeitnehmer, die innerlich bereits gekündigt haben, oder zu denen, die todunglücklich sind in ihrem Job – vielleicht, weil Sie sich von ihrem Chef nicht ernst genommen und nicht anerkannt fühlen, weil geplante Projekte nicht in Angriff genommen werden, weil es unter der Oberfläche keinen Teamgeist gibt oder andere Gründe mehr.

Posten Sie doch Ihre Geschichte bei *www.endlicharbeitslos.de* in das Erfahrungsaustausch-Forum. Teilen Sie Ihre Erfahrungen mit anderen, die guten und die schlechten – aus allen Erfahrungen kann man lernen. Sie können, wenn Sie das bevorzugen, anonym oder mit einem Pseudonym teilnehmen. Helfen wir uns gegenseitig.

Ich möchte mit dem Buch und der dazugehörenden Internetseite mir und anderen Gefeuerten das Leben leichter machen. Ich möchte die Peinlichkeit überwinden, die bis heute in der Luft liegt, wenn man sagen muss, dass man arbeitslos geworden ist. Ich denke, ich spreche für Millionen Peinlichkeiten: Wir wollen keine Opfer sein von schlechten Politikern, Managern ohne Führungskompetenz, Chefs auf der Suche nach dem nächsthöheren Ort zum Reinkriechen oder von Leuten, die Menschen nur als Kostenfaktor und *Human Resources* (menschliches Betriebskapital) wahrnehmen und verwalten.

Denken Sie also nicht, wenn ich Sie nach positiven Auswirkungen frage, dass ich mit diesem Buch Dankbarkeit gegenüber diesen Leuten ausdrücken möchte. Ich möchte einfach nur das Beste für uns Betroffene aus der (zunächst) niederschmetternden Situation herausholen. Und dazu brauchen wir eine neue Einstellung.

III. Arbeitslos – Scheiden tut weh

Ich habe meine Arbeit wirklich gerne gemacht. Ich war stolz, als ich dafür ausgewählt wurde. Ich arbeitete mich schnell ein. Ich lief mit großen, vor Stolz glänzenden Augen in mein erstes Team-Meeting, fühlte mich wichtig, wie geadelt. Ich lieferte gute Ergebnisse. Trotzdem wollten sie mich nicht mehr. Falsch! Trotzdem wollte mich einer aus dem Management, der nicht die leiseste Ahnung von mir hatte, nicht mehr. Jemand, der meinem Eindruck nach von Mitarbeiterführung keine Ahnung hatte, denn wieso hat er sich sonst immer vor uns versteckt, erst mit der Personalabteilungsvertreterin hat er sich getraut, jemandem gegenüberzutreten. Weh tat es trotzdem.

Das große Flennen

Ich empfand in den ersten Momenten, nachdem ich erfahren hatte, dass ich entlassen werden sollte, eine Mischung aus überwältigender Enttäuschung und Schmerz und gleichzeitig fühlte sich mein Innerstes wie versteinert an. Ich stand den Tag irgendwie durch, machte mir und anderen vor, wie locker ich das wegstecken könnte. Erst später zu Hause kam der Schmerz richtig durch. *Es tut weh, wenn man entlassen wird.* Es verletzt den Stolz. Es begräbt die Hoffnungen, die man in diese Stelle gesetzt hat. Es beraubt einen der Mitwirkung an einem schönen Projekt. Man verliert liebe Kollegen. Man fühlt sich wie ein kleines Kind, dem gerade der Teppich unter den Füßen weggezogen wurde und das auf einen harten Steinboden knallt. Von einer anderen Gefeuerten hörte ich den Satz: Die anderen dürfen weiterspielen, nur ich nicht.

Darüber reden

Arbeitslos werden fühlt sich zuerst einmal wie eine Niederlage, fast wie eine Demütigung, an. Es bringt neben finanziellen Sorgen, meist auch noch etwas Beschämendes. Warum ist das mir passiert? Was werden Freunde und Bekannte denken?

Es ist nicht leicht, sich von solchen Gedanken freizumachen, egal wie ungerechtfertigt die Kündigung ist.

Für mich hieß die Lösung: Angriff! Also habe ich allen davon erzählt. Denen, die es hören wollten und denen, die Angst hatten, davon zu hören, weil sie nicht wussten, wie sie darauf reagieren sollten. Ich habe Freunde, Bekannte, Kollegen angerufen, angeschrieben und besucht. Jedem, den es interessierte oder auch nicht, habe ich meine Geschichte erzählt. Und jetzt Ihnen.

Ich muss mich für nichts schämen, sagte ich mir. Ich erzählte und erzählte meine Geschichte und nach einer Weile ließ der Schmerz etwas nach.

Der offene Umgang mit der ungewollten Situation hat meiner Meinung nach viele Vorteile:

- Man erhält Bestätigung.
- Man erhält Rat.
- Andere trauen sich auch, von ihren eigenen Erfahrungen und Ängsten zu erzählen.
- Und möglicherweise weiß jemand aus dem Bekanntenkreis von einer freien, viel besseren Stelle. Tatsächlich kommen etwa 16 Prozent aller Einstellungen aufgrund von Mitarbeiterempfehlungen zustande, habe ich inzwischen in einer Bewerbungsschulung gelernt.

"Reden Sie über den Jobverlust, schreiben Sie, erzählen Sie es so vielen Leuten, wie Sie können. Sie brauchen sich für nichts zu schämen und Sie helfen damit sich und anderen."

Manche von denen, mit denen Sie reden, stehen möglicherweise gerade selbst kurz vor der Kündigung. Das Thema offen anzusprechen, statt es zu tabuisieren, macht es auch für diese Personen erträglicher.

Apropos Rat. Eine Kollegin meinte, ich sollte einfach da bleiben, mich nicht in die Auffanggesellschaft drängen lassen, sondern es drauf ankommen lassen. Es sei nämlich gar nicht sicher, dass die Firma tatsächlich betriebsbedingte Kündigungen aussprechen würde, auch wenn der Chef-vom-Chef-vom-Chef damit drohe. Und auf irgendeiner Managementebene würde es immer einen unfähigen Idioten geben - egal, wo ich hingehe.

Ich entschied mich jedoch gegen ihren Rat. Ich unterschrieb, dass ich in die Auffanggesellschaft gehen würde. Aber erst nachdem ich das Für und Wider abgewogen hatte und ich mir sicher war, dass es die bessere Alternative *für mich* war. Aber bis heute sinniere ich über die Aussage der Kollegin. Ich denke, sie hatte in einem Recht: Mit manchem Idioten wird man einfach immer leben (lernen) müssen.

Der Schmerz lässt nach, wenn man über das Verletzende und die Enttäuschung spricht. Wer sich aber einfach nicht überwinden kann, sich im Freundes- und Bekanntenkreis mitzuteilen, findet im Anhang Internetseiten und Anlaufstellen. Weitere Ansprechpartner finden Sie über Ihre Gemeinde, Ihren Arzt, über kirchliche Einrichtungen, im Internet und in den gelben Seiten.

IV. Wut in die richtige Bahn lenken

Außer Traurigkeit und Enttäuschung fühlte ich auch eine unglaubliche Wut und Empörung angesichts der Ungerechtigkeit, die mir meiner Ansicht nach widerfuhr. Wenn ich in wütender Stimmung war, hätte ich die Verantwortlichen am liebsten vor mir aufgereiht und mit einem Schaumstoffhammer bearbeitet. Natürlich habe ich das nicht getan, sondern meine Wut beim Joggen in den Boden gestampft – und im Fitnessstudio konnte ich die Geräte plötzlich drei Stufen höher einstellen.

> *"Wut ist gut. Durch Wut fühlt man sich stark und voller Energie. Man muss es nur schaffen, die Energie aus der Wut für sich und eine gute Zukunft zu nutzen, statt blindwütig zu reagieren."*

Lassen Sie nicht zu, dass Ihre Wut Sie blind macht und Sie sich selbst schaden. Nutzen Sie die Wut für sich.

Leider passiert häufig das Gegenteil. Der Gefeuerte ergeht sich aus Wut und Enttäuschung, weil er den Kampf um den Job verloren hat, in wildesten Beschimpfungen oder rächt sich durch Zerstörungen. In beiden Fällen hinterlässt er verbrannte Erde, das heißt, in diese Firma wird er nie mehr zurückkehren können (selbst wenn das Management wechselt) und sein Ruf wird weithin ruiniert sein, denn egal wie verständlich seine Wut ist: Niemand wird ihm mehr glauben, dass er Krisensituationen und sich selbst handhaben kann. Wem schadet jemand, der so handelt, am meisten? Sich selbst.

Wenn Sie sich schon rächen wollen, dann doch lieber, indem Sie dem unfähigen Management Ihre Kompetenz vorführen.

Damit zeigen Sie ihnen, was sie für Idioten waren, als sie Sie entließen.

Wenn Sie merken, Sie schaffen es nicht alleine, sich aus dem Wutstrudel zu lösen, suchen Sie unbedingt professionelle Hilfe. Ihre Zukunft ist wichtiger als jede Rache.

Aber grundsätzlich ist Wut ein hilfreiches Gefühl, das man für sich nutzen kann. Man kann die Energie aus der Wut nutzen, für seinen Arbeitsplatz zu kämpfen. Andererseits macht es Wut auch leichter, sich von etwas zu trennen. Die Kunst ist, in diesem Zustand der starken Gefühle, herauszufinden, was das Beste für einen selbst ist.

Ich habe die Wut letztendlich genutzt, mich emotional von diesem Arbeitsplatz zu lösen. Ich sah längerfristig bessere Perspektiven für mich, wenn ich das Unternehmen bzw. diesen Unternehmensbereich verließe.

Zu diesem Entschluss zu kommen, war nicht leicht. Ich war hin- und hergerissen. Es gab einiges, was dafür sprach, zu kämpfen. Da war die Stimme, die sagte, ich könne mir das nicht gefallen lassen, schließlich war ich gut in meinem Job. Außerdem wurde vom verantwortlichen Manager gegen die Betriebsvereinbarung verstoßen – ich hätte ihn in die Pfanne hauen können. Ich merkte aber schnell, die wahren Motive dieser Stimmen waren nicht, für mich das Beste zu erreichen, sondern etwas für meinen verletzten Stolz zu tun. Aber mal ehrlich, was bringt das, wenn das Beste für einen selbst etwas anderes ist?

Wenn ich ehrlich in mich hineinhorchte, dann merkte ich, dass da schon längst viele Unzufriedenheiten bezüglich meiner Abteilung und der Perspektiven in der Firma herangewachsen waren. Genug, um mich am Ende bewusst dafür zu entscheiden, mich wegschicken zu lassen.

Falls Sie noch vor der Entscheidung stehen, ob Sie sich der Kündigung fügen oder ob Sie dagegen kämpfen wollen bzw. ob Sie den Job von sich aus kündigen oder das Beste aus der jetzigen Situation machen wollen, fertigen Sie am besten eine Pro-und-Contra-Liste an. In dieser Liste vergeben Sie zusätzlich jedem Aspekt Punkte, wie wichtig er für Sie ist (zum Beispiel eine 10 für sehr wichtig, eine 1 für unwichtig). Wiederholen Sie das an verschiedenen Tagen, bis es Ihnen leicht fällt, eine Entscheidung zu treffen. Mir hat es außerdem geholfen, mir verschiedene Was-wäre-wenn-Szenarien im Geiste auszumalen und dabei auf meine Empfindungen zu achten.

Wenn Sie noch zu keinem Entschluss kommen, lesen Sie einfach weiter und machen die Übungen mit. Sie helfen Ihnen, festzustellen, was Ihnen persönlich wichtig ist.

Was wir an der alten Stelle gehasst haben

Die meisten, die dieses Buch lesen, sind vermutlich schon über das Stadium der Entscheidung zum Kämpfen oder Weggehen hinweg, vorausgesetzt, sie hatten überhaupt die Wahl, denn viele Arbeitsplätze fallen leider durch Ereignisse weg, die jedes Überlegen erübrigen.

Irgendwann hat man genug gelitten, gejammert, geflennt und sich am Punchingball ausgetobt. Es wird Zeit für den nächsten Schritt: die emotionale Loslösung.

Lassen Sie uns zusammentragen, was uns an dem alten Arbeitsplatz sowieso schon lange genervt hat. Am besten macht man das schriftlich (und liest es sich ab und zu wieder durch, damit man es nicht vergisst). Nicht, dass es nicht auch sinnvoll wäre, zu reflektieren, was man vielleicht selbst in

Zukunft besser machen könnte, als man es in dieser letzten Firma gemacht hat. Aber dies ist jetzt nicht der Zeitpunkt. Noch nicht. Hier und jetzt geht es darum, diese Firma/diese Abteilung hinter uns zu lassen, sozusagen gedanklich über sie hinwegzusteigen - mit einem mitleidigen Lächeln für die Fehlentscheidung des Managements.

Machen Sie sich Ihre „Abgewöhn-Liste". Sie könnte zum Beispiel folgende Punkte enthalten:

- unfaire Bezahlung, unfaire Arbeitsauslastung
- viele Fehlentscheidungen, Aktionismus
- leere Phrasen wie Exzellenz, Top, Challenge. In Wirklichkeit keine Förderung engagierter Mitarbeiter
- Respektlosigkeit gegenüber Untergebenen
- unfähige Vorgesetzte über mehrere Hierarchien (Wegducker, fehlendes Fachwissen, fehlende Führungskompetenz, Profilierungssucht)
- fehlende Herausforderungen, Langeweile
- Dieser Job war nicht meine wirkliche Berufung. Mein Herz hängt woanders.

Nehmen Sie sich 10 Minuten Zeit für Ihre persönliche Liste. Ich glaube, je drastischer Sie sich ausdrücken, desto besser. Kramen Sie in Ihrem Gedächtnis und schreiben Sie alles auf, was Ihnen an Negativem einfällt. Die Liste ist nur für Sie selbst und nicht zur Veröffentlichung gedacht. Sie brauchen sich also nicht zurückhalten.

Was ich an meiner alten Stelle gehasst habe

Also ehrlich, wenn Sie sich Ihre Liste so anschauen, sollten Sie froh sein, dass Sie da nicht mehr arbeiten.

Ich hatte eine ähnliche Liste. Sie wurde länger und länger, weil ich jetzt die verdrängten Leichen aus dem Keller holte. Bald wusste ich: Nee, ich will auf jeden Fall etwas anderes.

V. Arbeitslos – die Chance

Sie sind frisch entlassen und da komme ich und sage: Zählen Sie mir die positiven Seiten an dieser Tatsache auf! Nun, da wird Ihnen zuerst nicht viel einfallen. Aber Sie haben schon einen positiven Aspekt. All das, was Sie an der alten Arbeitsstelle genervt hat (siehe letztes Kapitel), sind Sie jetzt los.

Welche positiven Aspekte gibt es sonst noch?

Was könnte man an dem Jobverlust oder der Jobaufgabe auch positiv sehen?

Die Probleme, die Angst vor der Zukunft, finanzielle Sorgen und Ähnliches lassen Sie im Moment außer Acht. Darüber dürfen Sie später sprechen. Jetzt konzentrieren Sie sich bitte auf die Vorteile.

Sie könnten zum Beispiel positiv sehen, dass die Arbeitslosigkeit die Möglichkeit zu einem Neuanfang bietet. Sie könnten nämlich eine bessere Stelle finden und die Karriereleiter hinauffallen. Sie könnten aber auch einen neuen Berufsweg einschlagen. Oder Sie könnten sich entscheiden Ihr Leben völlig umzukrempeln und aus dem „Rattenrennen" auszusteigen.

Sie werden, wenn Sie sich arbeitslos melden oder in einer Auffanggesellschaft sind, bezahlte Zeit zur Neubesinnung haben, während der Sie sich die Zeit relativ frei einteilen können. Sie können diese Zeit nutzen und (neben der Jobsuche) zum Beispiel mit den Kindern frühstücken, sich weiterbilden, Sport treiben, sich Ihren Hobbys widmen, sich

Zeit zum Zeitungslesen nehmen, sich entspannen und besinnen.

Nur weil jemand den letzten Job durch arbeitgeberseitige Kündigung verloren hat, ist er oder sie nicht auf einem Karriereabstieg. Vielleicht schaffen Sie es, sich beim nächsten Arbeitgeber noch besser zu verkaufen, beispielsweise weil Sie sich und Ihre Bewerbungsunterlagen noch besser vorbereiten, vielleicht auch, weil Sie die Arbeitslosenzeit zur Fortbildung und Qualifizierung nutzen (egal, ob vom Arbeitsamt gefördert oder als Eigeninitiative).

Vielleicht fühlen Sie aber schon ganz lange eine völlig andere Berufung in sich als den Beruf, den Sie bisher ausgeübt haben. Auch wenn die Verwirklichung möglicherweise mit finanziellen Abstrichen verbunden ist, zumindest am Anfang, so liegt in diesem Weg vielleicht Ihr wahres Glück.

Wenn Sie ausreichend lange Beiträge zur Arbeitslosenversicherung geleistet haben, dann haben Sie auch Anrecht auf Arbeitslosengeld (ALG1). Das heißt, die Bundesagentur für Arbeit bezahlt Ihnen einen Teil des früheren Gehaltes, um die Zeit bis zu einer Neubeschäftigung finanziell zu überbrücken. Falls Sie keinen Anspruch auf Arbeitslosengeld (ALG1) haben, dann vielleicht auf Arbeitslosenhilfe/Sozialhilfe/Wohngeld (ALG2) oder anderes. Mehr dazu im Kapitel „Arbeitslos – die Herausforderung".

Machen Sie sich nun Ihre eigene Liste der positiven Aspekte. Machen Sie die Liste lang und ausführlich. Lesen Sie sie täglich durch. „Baden" Sie darin, damit Sie die positiven Aspekte im Gedächtnis behalten.

Was ich an meiner Kündigung positiv sehen könnte:

Sorgen nur mittwochs

Arbeitslos. Plötzlich war ich nicht mehr 60 Stunden oder mehr pro Woche (mit Fahr- und Pausenzeiten) fest eingespannt, sondern konnte meine Zeit relativ frei einteilen. Ich merkte bald, dass ich mich in blindem Aktionismus verzettelte. Beispielsweise guckte ich mindestens zwei Mal täglich und damit vierzehn Mal pro Woche alle Stellenbörsen im Internet durch. Zwölfmal davon ohne neue Ergebnisse. Ich machte jeden Kurs zur Fortbildung, den ich fand - denn wer weiß, vielleicht brauchte ich dieses Wissen ja mal und Lernen macht schließlich Spaß. Aber in meiner Planlosigkeit war ich ständig eingespannt und gestresst und das ohne irgendeinen Erfolg zu sehen. Würde ich so planlos an eine beruflich gestellte Aufgabe herangehen? Nein!

Von anderen wiederum hörte ich, dass sie wegen ihrer Situation und der daraus resultierenden Strukturlosigkeit des Alltags immer tiefer in depressive Stimmungen verfielen. Wir sind von Kindheit an gewohnt, dass unsere Tage, Wochen und Monate eine mehr oder weniger feste Struktur haben. Ohne ein gewisses Maß an Struktur fühlen sich die meisten Menschen haltlos, verfallen in depressive Stimmungen, vertun ihre Lebenszeit mit Unglücklichsein und Unzufriedenheit.

Meiner Erfahrung nach ist es unbedingt ratsam, möglichst bald einen persönlichen Wochenplan zu erstellen, egal ob man auf Jobsuche ist, sich auf die Existenzgründung vorbereitet oder etwas anderes. Sie verbessern Ihre Chancen auf einen Job, wenn Sie planvoll vorgehen und dadurch auch mehr Kraft und Selbstbewusstsein haben. Mit einem Plan behält man den Überblick, wie viel Zeit man für Jobsuche und wie viel Zeit man für andere Aktivitäten einsetzt.

> *"Ohne Plan verzettelt man sich und hat trotz vieler Aktivitäten ständig ein schlechtes Gewissen. Dazu kommt die Angst vor der Zukunft. Ein Plan dagegen schafft Freiräume und damit Kraft und Platz für Ideen."*

Das schlechte Gewissen wird auch noch von populistischen Meldungen in minderwertigen Medien genährt, nach denen Arbeitslose gar keine Arbeit suchen, sondern der Gesellschaft faul auf der Tasche liegen wollen. Wir wissen, dass das in der Regel nicht so ist und dass die meisten Arbeitslosen arbeiten wollen. Nur ist es für manche Politiker einfacher, die Schuld den Arbeitslosen zuzuschieben und sie zu drangsalieren, statt Arbeitsplätze zu schaffen. Und die Denkfaulen folgen gerne solchen Stammtischparolen.

Jedenfalls, wer sich verzettelt, ist ständig angespannt, verbraucht seine Kraft und vertut wertvolle Lebenszeit. Aber die Kraft brauchen Sie, denn mit einer zuversichtlichen, kraftvollen Ausstrahlung haben Sie eine viel bessere Chance - sowohl auf dem Arbeitsmarkt als auch, wenn Sie der Bank Ihren Businessplan für Ihre zukünftige Firma präsentieren wollen. Also schmieden Sie Pläne und fangen Sie mit einem Wochenplan an.

Wie detailliert Ihr erster Wochenplan ausfällt, hängt von Ihrem persönlichen Strukturbedürfnis ab. Sie können den Plan auch jederzeit ändern, wenn Sie merken, Sie fühlen sich zu eingeschränkt oder umgekehrt, wenn Sie sich zu haltlos fühlen.

Bei einem guten Wochenplan bleibt neben der Jobsuche (oder der Vorbereitung auf die Existenzgründung) und Fortbildung auch Zeit und Energie für Sport, Spaß und spielerisches, kreatives Denken, denn gerade das ist für eine Neuorientierung und -positionierung wichtig.

> *"Nicht nur dem einzelnen Menschen, auch der Gesellschaft ist am meisten gedient, wenn jeder Mensch den richtigen Platz für sich findet, etwas das er oder sie gerne und gut tut."*

Wenn Sie sich die Beispielwochenpläne auf den nächsten Seiten anschauen, sehen Sie, dass Ihnen auch bei ambitionierter Jobsuche noch jede Menge „Freizeit" bleiben kann. Ich kann nur sagen, genießen Sie die gewonnene Zeit. Träumen Sie, spielen Sie, lesen Sie ein gutes Buch, machen Sie Sport, tun Sie etwas für sich in Ihren „Freizeiten nach Plan". Wenn man entspannt ist, hat man einfach überraschende Eingebungen auch bezüglich der beruflichen Zukunft. Das liegt daran, dass Ihr Unterbewusstsein in dieser

Zeit nicht ruht, sondern angeregt durch die Übungen in dem Buch und durch Ihr Planen und Denken weiter arbeitet und nach Möglichkeiten sucht, Ihre Visionen zu realisieren.

Aber wie soll ich mich entspannen, wenn die Rechnungen ins Haus flattern, das Kind eine Zahnspange braucht und mich Existenzängste plagen, werden Sie sagen. Wie soll ich da unbeschwert träumen, spielen und die freie Zeit genießen?

Sich Sorgen zu machen ist wichtig. Es gehört zur Entscheidungsfindung dazu. Aber es ist nicht hilfreich, sich davon auffressen und beherrschen zu lassen. Unter dem Sich-sorgen verstehe ich neben dem Baden in sorgenvollen Gefühlen vor allem Aktivitäten wie

- die finanzielle Lage durchzurechnen und einen Haushaltsplan zu machen oder
- sich beraten zu lassen, beispielsweise Banken und eventuell eine Schuldnerberatung aufzusuchen.

Denn ein sorgenvolles Gefühl alleine bringt Sie nirgendwo hin, beim Selbstmitleid hängen zu bleiben, hilft niemandem weiter.

Gerade aus Sorge und Fürsorge müssen Sie das Sorgen auch mal lassen, denn erst das Losgelöstsein vom normalen Arbeitstrott und eingefahrenen Denkweisen schafft neue Perspektiven, kann zu ganz neuen Gedanken, Ideen und letztendlich auch Karrieresprüngen verhelfen.

Also verdammen wir die Sorgen zeitweilig. Wohin? In den Kalender! Es klingt albern, aber probieren Sie es aus. Geben Sie den Sorgen einen festen Platz in Ihrem Wochenkalender. So können Sie sicher sein, Sie vernachlässigen das Sorgen und die Fürsorge nicht, aber schaffen sich trotzdem unbeschwerte Zeiten, zum Beispiel für Ihre Kreativität (Hobbys wie Malen, Schreiben und Basteln), Ihre Gesundheit (Sport,

Wellness) und für Ihre Fortbildung (Fernkurse, Volkshochschule, Bücher). Es hilft Ihnen und damit allen, um die Sie sich sorgen.

Okay, das klappt nicht immer und dann kreisen die Gedanken doch zur falschen Zeit wieder um die Existenzängste. Aber dann können Sie sich sagen: Okay, ich sorge mich, also rechne ich bei der nächsten „Sorgenzeit" noch einmal alles durch, ändere vielleicht auch meinen Plan. Oder Sie sagen: Ich nehme mir jetzt meine Sorgenzeit, denn ich kann nicht bis nächsten Mittwoch warten, dafür werde ich aber am Mittwoch statt der Sorgenzeit an einem Volkshochschulprogramm oder Webinar teilnehmen oder ins Museum gehen.

So könnte Ihr persönlicher Wochenplan zum Beispiel während der Arbeitslosigkeit aussehen, wenn Sie auf Arbeitssuche sind.

Montag	Dienstag	Mittwoch	Donnerstag	Freitag
8-12 Uhr	**8-10 Uhr**	**8-12 Uhr**		**8-10 Uhr**
Arbeitsamt und/oder Jobsuche im Internet	letzte Vorbereitun gen für das Vorstellungs- gespräch (Kleidung, Nägel etc.) **11-12 Uhr** Sport (gegen Nervosität)	Stellenange- bote in Zeitungen, im Internet, Bewerb- ungen schreiben (mindestens zwei Initiativbe- werbungen)		Übungen aus dem Buch **10-12 Uhr** Sport
13 –17 Uhr Bewerb- ungen schreiben, Vorstellungs gespräch vorbereiten	**14 Uhr** Vorstellungs- gespräch	**15-17 Uhr** „Sorgen" und Pläne schmieden		**13-17 Uhr oder länger** Fachbuch lesen oder andere Fortbildung

Ein fester Wochenplan wie dieser hilft dabei, sich nicht zu verzetteln und jeden Tag ein bisschen von allem zu machen. Dann hat man nämlich das Gefühl, man hätte nie Freizeit und ist trotzdem erfolglos. Mit einem Plan gehen Sie effektiver vor und die freien Zeiten bewirken, dass Sie einen freien Kopf für Inspirationen, Visionen und neue Ideen haben.

In dem Beispiel oben sind Montag, Mittwoch und Freitag ziemlich ausgefüllt mit den Tätigkeiten eines „braven" Arbeitslosen. Dienstag und Donnerstag (und Samstag und Sonntag) können anders genutzt werden (wenn kein Vorstellungsgespräch ansteht): für Hobbys, Sport, Fortbildung, Lesen, Ausstellungen usw. Wenn Sie zu einem Vorstellungsgespräch oder zu einem Termin bei der Agentur für Arbeit eingeladen werden, müssen Sie in dieser Woche Ihren Plan natürlich umstellen.

Wenn Sie sich entschließen, einen Teil der gewonnen Zeit dazu zu nutzen, sich in ein neues Aufgabengebiet einzuarbeiten, kaufen Sie sich Fachbücher, -CDs und lernen Sie. Außerdem bieten viele Hochschulen und Unternehmen (teils kostenlose) Online-Kurse sowie Lern- und Demoprogramme im Internet an. Egal ob mit oder ohne Zertifizierung verbessern Sie durch Ihre Teilnahme Ihre Qualifikation und Berufschancen.

Ihr Wochenplan kann aber auch ganz anders aussehen, vor allem, wenn Sie bereits wissen, dass Ihre Zukunft nicht im gleichen Beruf oder gar nicht in einem Angestelltenverhältnis liegt. Es kann sinnvoll sein, den Arbeitsberater mit den geforderten Aktivitäten eines arbeitssuchenden Arbeitslosen zufriedenzustellen, sich aber parallel schon auf eine andere berufliche Perspektive vorzubereiten, beispielsweise auf eine Existenzgründung. Passen Sie Ihren Plan Ihren (sich möglicherweise ändernden) Absichten beziehungsweise der jeweiligen Phase Ihrer Strategie an.

Der Wochenplan von jemandem, der nicht auf Arbeitssuche oder bei der Vorbereitung einer Existenzgründung ist, der aber dennoch ein hohes Strukturbedürfnis hat (zum Beispiel ein frischgebackener Frührentner oder ein Aussteiger), könnte dagegen folgendermaßen aussehen:

Montag	Dienstag	Mittwoch	Donnerstag	Freitag
8-10 Uhr	**8-10 Uhr**	**8-10 Uhr**	**8-10 Uhr**	**8-10 Uhr**
Sport	Zeitung lesen	Sport	Zeitung lesen	Sport
10-12 Uhr	**10-12 Uhr**	**10-12 Uhr**	**10-12 Uhr**	**10-12 Uhr**
Sorge und Fürsorge (Finanzen, Steuern usw.)	Briefe schreiben	Haushalt	Hobbys	Stadt- bibliothek
13-14 Uhr	**13-14 Uhr**	**13-17 Uhr**	**13-14 Uhr**	**13-17 Uhr**
Lesen	Spazieren	Museum, Messe	Spazieren	Gemeinde arbeit
14 - 17 Uhr	**14 - 17 Uhr**		**14 -17 Uhr**	
Lernen oder Hobby	Vereins- arbeit oder Kaffeehaus		Lernen oder Hobby	
19 Uhr		**19 Uhr**		**19 Uhr**
Billard		Volkshoch- schule		Kino, Theater

Ob Sie auch so einen ausführlichen Plan brauchen? Vielleicht entscheiden Sie sich lieber dafür, täglich nach dem Aufstehen eine Stunde Sport zu machen und ansonsten alles auf sich zu kommen zu lassen. Wenn Sie merken, dass Sie bei diesem Konzept häufig nur die Zeit totschlagen und deshalb unzufrieden werden, dann ändern Sie Ihren Plan oder machen Sie ihn detaillierter.

Ihr Bedürfnis nach Struktur wird sich vermutlich im Laufe der Zeit verändern. In den ersten Tagen der neuen Freiheit gibt es meist so viel zu tun, zu erledigen und nachzuholen, sodass man eine beruflich vorgegebene Struktur nicht vermisst. In der nächsten Phase aber macht die viele freie Zeit Ihnen vielleicht Angst. Ein Plan gibt Ihnen dann den nötigen Halt. Wenn Sie sich dann nach einiger Zeit in dem neuen Leben eingewöhnt haben, brauchen Sie vielleicht wieder weniger Struktur.

Machen Sie sich Ihren eigenen Plan. Wenn es Ihnen sinnvoll erscheint, können Sie sich auch zweimal pro Woche für ein bis zwei Stunden der Sorge und Fürsorge (Finanzen, Steuern, Organisatorisches u.ä.) widmen. Aber die restliche Zeit füllen Sie lieber anders aus. Genießen Sie in den freien Zeiten Sport, Spiel und Spaß. Nutzen Sie die Freizeit zum Träumen, für Hobbys und Spinnereien. Bringen Sie sich auf Vordermann. Sie werden die Kraft im nächsten Job oder für ein anderes Zukunftsprojekt brauchen. Passen Sie Ihren Plan so oft wie nötig an veränderte Ziele, Ihre „Perspektive", Ihre Lebensaufgabe an.

Auf der nächsten Seite finden Sie eine leere Vorlage für Ihren Plan, falls Sie ihn gleich erstellen möchten. Sie können genauso gut einen Stundenplan-Vordruck verwenden, wie man ihn für Schüler in einer Schreibwarenhandlung erhält, oder Sie benutzen Ihren Timer oder einen elektronischen Kalender/Planer.

Montag	Dienstag	Mittwoch	Donnerstag	Freitag

VI. Ausgrabungen

Oft war man im beruflichen Alltagstrott der letzten Stelle so eingespannt, dass man die eigenen Kenntnisse und Fähigkeiten, die dort nicht direkt genutzt wurden, ganz vergessen oder nicht mehr als solche wahrgenommen hat. Spätestens, wenn man gekündigt wurde, ist auch noch ein ganzer Teil Selbstbewusstsein abhandengekommen. So ging es mir und so geht es vielleicht auch Ihnen.

Machen wir uns also an die Ausgrabungen nach vergessenen Leidenschaften, Stärken, Fachkenntnissen und bauen wir unser Selbstbewusstsein wieder zusammen.

Das, was Sie bei den folgenden Übungen zusammentragen, können Sie zu einem Großteil auch in Ihren Bewerbungsschreiben oder für Ihr Bewerbungsgespräch verwenden. Die Übungen sollen Ihnen aber vor allem dabei helfen, Ihre Fähigkeiten zu erkennen und sie mit Ihren Prioritäten in Bezug zu bringen, damit Sie Ihren persönlichen Weg finden können. Das klappt vielleicht noch nicht beim ersten Durchlauf. Aber der wird Sie öffnen, das Unterbewusstsein brütet dann weiter. Beim nächsten Durchlauf haben Sie dann schon genauere Inspirationen, wohin Ihr persönlicher Weg führen könnte.

Ihre Kenntnisse und Fähigkeiten

Schreiben Sie Ihre Kenntnisse und Fähigkeiten auf ein oder mehrere Blatt Papier. Die folgenden Fragen sollen dabei helfen.

Fachkenntnisse

Welche durch Abschlusszeugnisse oder andere Dokumente belegten Ausbildungen, Abschlüsse und Zertifizierungen haben Sie?

Schreiben Sie zu jeder Station ein bis drei Stichworte, was Ihnen dieser Abschluss bedeutet (hat).

Beispiele:

Fachhochschulreife: Stolz, es geschafft zu haben, freie Fahrt ins Studium, Bewunderung von anderen

Fortbildung Netzwerkadministration: Spaß gemacht, etwas Neues zu lernen, ich lerne schnell, mein Gehirn funktioniert toll, interessante Leute kennengelernt

_____

_____

_____

_____

_____

_____

_____

_____

Wie verlief Ihre berufliche Laufbahn (bis jetzt)?
Schreiben Sie die Stationen auf und jeweils ein bis drei
Stichworte, was Ihnen daran am Besten gefiel. Berufsanfänger
nehmen Ihre Praktika oder Ferienjobs.

Beispiele:

SchaufensterdekorateurIn: Kreativität, Abwechslung, sich als
Künstlerin fühlen

GeschäftsführerIn: Gehalt, Einflussmöglichkeit,
beeindruckende Berufsbezeichnung

In welche Bereiche (Kundendienst, Organisation, Einkauf, Verkauf, Rechnungswesen, wissenschaftliches Arbeiten, Personalwesen usw.) fallen Ihre bisherigen beruflichen Erfahrungen?

Schreiben Sie jeweils ein bis drei Stichpunkte dazu, die Sie mit diesem Bereich assoziieren – positive und negative Aspekte.

Beispiele:

Einkauf: tolle Reisen, interessante Leute kennengelernt, zu viel Stress, bei Problemen keine Rückendeckung vom Chef

Management: Organisieren liegt mir, Einfluss und Verantwortung zu haben ist toll, Ehe zerbrochen, weil kein Privatleben

----

Was haben Sie beruflich im Einzelnen alles gemacht?
Schreiben Sie die beruflichen Tätigkeiten auf, die sie getan haben und welche Fähigkeiten Sie dafür brauchten!

Beispiele:

Berichte und Präsentationen: Office-Programme genutzt, Vorträge mit Powerpoint-Präsentation gehalten

Veranstaltungen organisiert: Projektmanagement, Planungstools benutzt, Organisationstalent gezeigt, gute Nerven, Menschen zu Leistung und Teamarbeit motiviert

----

Welche Verantwortlichkeiten hatten Sie in Ihrer bisherigen beruflichen Laufbahn? Und wie fühlten Sie sich dabei?

Beispiele:

Projektverantwortung: Stolz auf die Position, einflussreich, ich mag den Druck und den Adrenalinkick

Personalverantwortung für den Auszubildenden: Spaß, anderen etwas beizubringen und eigenes Wissen und Erfahrungen weiterzugeben.

Welche Kenntnisse und Fähigkeiten haben Sie durch Ihre Hobbys erworben?

Beispiele:

Familien- oder Vereins-Webseite entworfen und realisiert: Webkenntnisse, Grundkenntnisse in Webdesign und HTML, Erfahrungen als Online-Redakteur

Reparaturen im Haus: handwerkliches Know-how und Geschick, Geduld, Grundkenntnisse Installation und Elektronik

----

Fremdsprachen

Sprechen Sie eine oder mehrere Fremdsprachen?

Sonstige Kenntnisse und Fähigkeiten

Haben Sie sonstige bis jetzt noch nicht erwähnte Fähigkeiten?
Zum Beispiel

- Haben Sie einen Führerschein?
- Haben Sie im Ausland gearbeitet?
- Oder sind Sie viel gereist? Auch wenn die Auslandsaufenthalte Urlaubsreisen waren, kann man das als Erfahrungen in verschiedenen Sprach- und Kulturräumen verkaufen.

Stärken

Was können Sie besonders gut? Was liegt Ihnen?

Machen Sie Ihre Liste. Hier ein paar Fragen, die Ihnen dabei helfen können.

- Haben Sie eine schnelle Auffassungsgabe?
- Sind Sie besonders geduldig?
- Können Sie gut erklären?
- Sind Sie ein Organisationstalent?
- Sind Sie handwerklich begabt?
- Sind Sie besonders überzeugend?
- Können Sie gut andere Menschen motivieren und anspornen?
- Laufen Sie bei Stress zu Hochform auf?
- Haben Sie ein gutes Zahlengedächtnis?
- Haben Sie gestalterische Fähigkeiten?
- Ist Zähigkeit eine Ihrer Stärken?
- Haben Sie eine gute Allgemeinbildung?
- Sind Sie in Krisen der Fels in der Brandung?
- Haben Sie die Fähigkeit zu improvisieren?

Leidenschaften

Sie haben zusammengetragen, was Sie bisher beruflich getan haben und was Sie alles können. Aber ist es auch das, wozu Sie sich berufen fühlen?

"Elvis Presley soll Lkw-Fahrer gewesen sein, bevor er die erste Single aufnahm. Rod Stewart jobbte angeblich als Totengräber. Kafka arbeitete bei einer Versicherungsgesellschaft, bevor er freier Schriftsteller wurde. "

Wie ist es bei Ihnen? Wären Sie gerne ein Künstler? Oder gibt Ihnen soziale Arbeit Erfüllung? Oder ist Engagement in der Politik Ihre wahre Leidenschaft?

Fühlen Sie sich vielleicht zu ganz etwas anderem berufen als Ihrem bisherigen Beruf. Was ist das? Was machen Sie besonders gerne? Was würden Sie gerne tun, wenn es nichts gäbe, das Sie daran hindern könnte?

Vielleicht ist jetzt der Zeitpunkt erreicht, Ihre Berufung in den neuen Beruf zu wandeln. Wie könnte das gehen?

Gehen Sie den Weg dorthin einfach einmal in Ihrer Fantasie. Wenn es vorwärts nicht geht, dann versuchen Sie es rückwärts.

Worauf sind Sie besonders stolz?

Gehen Sie noch einmal zurück zum Anfang des Kapitels „Ausgrabungen" und unterstreichen Sie in Ihren Aufzeichnungen alles, worauf Sie besonders stolz in Ihrem bisherigen Berufsleben sind. Falls Ihnen etwas einfällt, was noch nicht oben aufgeführt ist, schreiben Sie es in die folgenden Zeilen. **Beispiele:**

Sie haben eine besonders schwere Prüfung geschafft.
Sie haben eine kritische Situation gemeistert.

Was gibt es sonst in Ihrem Leben, worauf Sie besonders stolz sind?

Beispiele

Sie haben aufgehört zu rauchen.
Ihre Kinder sind glücklich.
Sie haben viele Freunde.
Sie haben Spenden gesammelt.
Sie helfen Ihren alten Nachbarn.

Prioritäten setzen

Die Entscheidung, in welche berufliche Richtung Sie in Zukunft gehen wollen, kann Ihnen niemand abnehmen. Die Übungen in diesem Buch können Sie nur bei der Entscheidungsfindung unterstützen. Bis jetzt haben Sie nach Ihren Talenten gegraben. Aber vielleicht wollen Sie sich noch klarer darüber werden, wo Ihre persönlichen Prioritäten liegen. Das versetzt Sie in die Lage, aus Ihren Fähigkeiten und Leidenschaften diejenigen auszuwählen, die Ihre Prioritäten unterstützen.

Prioritäten im Leben

Was ist Ihnen wirklich wichtig in Ihrem Leben? Ist Karriere Ihr oberstes Ziel? Wünschen Sie sich gesellschaftliche Anerkennung? Ist Ihnen das Wichtigste, Zeit mit Ihrer Familie zu verbringen und Ihren Kindern Nähe und Unterstützung zu bieten?

Viele sind schon aufgewacht und dachten, sie seien im falschen Film, so sehr hatte sich ihr Leben von dem, was sie wirklich wollten, weg entwickelt. *Wo stehen Sie jetzt?*

Stellen Sie sich vor, Sie seien auf Ihrer eigenen Beerdigung und jemand hielte eine Grabrede für Sie. Was wünschen Sie sich, was diese Person sagt? Schreiben Sie auf, was Sie über sich hören möchten. Was zählt letztlich am Ende des Lebens?

Eine ähnliche Methode herauszufinden, was Ihnen im Innersten etwas bedeutet, ist die „Schaukelstuhlmethode". Sie stellen sich vor, Sie sind schon sehr alt, sitzen gemütlich in einem Schaukelstuhl am Kaminfeuer (vielleicht sitzen Sie ja lieber in einem Kloster auf einem Berg in Tibet) und blicken auf Ihr Leben zurück. Was möchten Sie da sehen? Welche Rollen möchten Sie in Ihrem Leben innegehabt haben. Schreiben Sie es auf.

Geben Sie nun den folgenden Begriffen eine Reihenfolge.

Den wichtigsten Begriff nummerieren Sie mit 1, den zweitwichtigsten mit 2, usw.

____ Einfluss

____ Geld

____ Liebe

____ Erfolg

____ Anerkennung

____ Gesundheit

____ Bequemlichkeit

____ Abenteuer

____ Herausforderung

____ Freiheit

____ Sicherheit

____ Nähe zu anderen Menschen

____ Sinn, Tiefe

Es ist nicht leicht, diese Aufgabe zu erfüllen. Aber hier ist der Weg das Ziel. Werden Sie sich einfach bewusst, was Ihnen im Leben und damit auch im Beruf wichtig ist und was nur eine Nebenrolle spielen soll. Ergänzen Sie die Liste, falls Ihnen ein Begriff fehlt.

Vervollständigen Sie nun folgende Satzanfänge:

Meine ureigenste Lebensaufgabe ist ...

Wenn ich könnte, dann würde ich ...

Meine Vorbilder sind ..., weil ...

Prioritäten im Beruf

Was von dem, das Sie als Ihre Lebensaufgabe und Ihre Prioritäten ansehen, möchten Sie im Beruf verwirklichen?

Was ist Ihnen sonst noch für Ihre berufliche Zukunft wichtig?

Beispiele: Feste Arbeitszeiten? Fester Einsatzort? Immer neue Herausforderungen? Täglich Menschen zu treffen? Nur mit Frauen zusammenzuarbeiten? Hohes Gehalt? Spaß? Freiheit und Selbstständigkeit? Dass Sie den Wohnort nicht wechseln müssen? Ordnen Sie Ihre Kriterien nach Wichtigkeit.

Ihre Zukunft

Was sind Ihre Ziele für die Zukunft im Detail? Wo möchten Sie in fünf Jahren stehen (beruflich und privat) beziehungsweise was möchten Sie bis dahin getan haben?

Beispiele:

Etwas Sinnvolles für die Gesellschaft getan haben.

Ein guter Manager (gewesen) sein.

Ein liebevolles Elternteil sein.

Ein Abendstudium abgeschlossen haben.

Persönlich gewachsen sein.

Ein offener, fröhlicher Mensch sein.

Ein freies Jahr eingelegt haben.

In die Selbstständigkeit gegangen sein.

Schreiben Sie mindestens 10 Zukunftsziele auf und ordnen Sie sie nach Wichtigkeit.

Wo möchten Sie in 10 Jahren stehen (beruflich und privat)? Ein Buch geschrieben haben? Mit Lachfalten in Rente gehen? Ein Boot besitzen? *Schreiben Sie mindestens 10 Punkte auf und ordnen Sie sie nach Wichtigkeit.*

VII. Bewältigung letzte Stufe

Falls Sie – wie ich – niedergeschmettert waren, als Sie arbeitslos wurden, würde ich mir wünschen, dass Sie nun schon die ersten Lichtstrahlen am Horizont erkennen. Ich hoffe, die Übungen im letzten Kapitel haben Ihnen schon ein paar Inspirationen gebracht und Sie freuen sich auf eine bessere Zukunft. Besser deshalb, weil Sie jetzt genauer wissen, was Ihnen wichtig ist und Sie dafür kämpfen werden.

Ich begann in diesem Stadium, den alten Job wie ein lieb gewonnenes Haustier anzusehen, das leider gestorben ist, und das man nun hinten im Garten begraben muss.

Vielleicht wittern auch Sie jetzt die Möglichkeit, Ihr Leben besser und sinnvoller zu gestalten. Es ist empfehlenswert, die Übungen aus dem vorigen Kapitel nach einiger Zeit zu wiederholen.

Wir sind jetzt beim letzten Schritt der Loslösung angelangt und werfen einen nüchternen Blick zurück auf den alten Job. Was würden wir heute anders machen? Was können wir aus der Vergangenheit lernen?

Körner picken

Aus Erfahrung wird man klug. Sowohl aus dem, was man falsch, als auch aus dem, was man richtig gemacht hat.

Meine wichtigste Lehre aus der vergangenen Stelle war: Ich kann so gut sein, wie ich will, das schützt mich nicht vor Jobverlust (eine Tatsache, die für mich vor Antritt der Stelle unvorstellbar war). Deshalb werde ich noch mehr darauf achten, mich in Zukunft nur dann in etwas reinzuhängen, wenn ich selbst es für mich als wichtig erachte, jedenfalls nicht wegen der Anerkennung anderer.

Machen Sie sich eine Liste dessen, was Sie sich für die Zukunft merken möchten. Hier sind weitere Beispiele, was darin stehen könnte:

- Bevor ich mich auf die nächste Stelle bewerbe, informiere ich mich genauer über die Zukunftsaussichten der Branche und des speziellen Unternehmens.
- In Zukunft werde ich der Arbeit einen anderen Stellenwert geben. Familientermine gehen vor Jobtermine.
- Das nächste Mal würde ich nicht aus verletztem Stolz sofort alles hinwerfen, sondern mich erst abkühlen und beraten lassen.
- Das nächste Mal ignoriere ich nicht die Zeichen, wenn die Ergebnisse der Firma schlechter und schlechter werden, sondern schaue mich gleich (nebenbei) nach einem neuen Job um. Notfalls würde ich nebenbei auch schon eine Umschulung oder Zusatzqualifizierung machen.
- Das nächste Mal sorge ich auf dezente Weise dafür, dass auch weiter oben stehende Manager von mir und meinem Engagement und guten Ergebnissen wissen.

Das waren Beispiele. *Machen Sie sich jetzt Ihre eigene Liste,*
was Sie sich für die Zukunft merken werden.

Wo stehen Sie jetzt?

Sind Sie gegen Ihren Willen aus dem "Rattenrennen" (Karrieregerangel: höher, schneller, weiter) geworfen worden, aber Sie wollen unbedingt wieder rein? Jetzt haben Sie die Chance auf eine schnellere Spur zu wechseln.

Oder sind Sie zwar gegen Ihren Willen aus dem Rennen geworfen worden, aber Sie wollen die Situation nutzen, sich neu zu orientieren? Vielleicht wollen Sie auf einen schönen sonnigen Feldweg? Vielleicht wollen Sie aber ganz aus dem Arbeitsleben aussteigen. Oder Sie wollen sich selbstständig machen.

Oder haben Sie schon lange auf einen guten Grund gewartet, mit der Maloche aufzuhören? Sicherheit in Form von Geld haben Sie genug (oder finden Sie überflüssig) und Ihr Segelboot, mit dem Sie um die Welt segeln wollen, wartet bereits auf Sie.

Wo stehen Sie jetzt und wo möchten Sie hin?

Vorsicht Falle!

Vielleicht denken Sie jetzt: Ich würde ja gerne den Beruf wechseln, aber ich bin zu alt ... Oder: Ich möchte wieder den gleichen Job in einer besseren Firma, aber die wird es bestimmt nicht geben ...

Pech gehabt, die Statistiken geben Ihnen recht. Aber wollen Sie ihnen glauben? Die einen sind zu alt, die anderen zu jung, die nächsten sind zu lange aus dem Beruf usw.

Fokussieren Sie nicht auf den Durchschnitt laut Statistik, fokussieren sie auf die Ausreißer – die Abweichungen vom Durchschnitt, Durchschnitt ist nur eine mathematische Größe sonst nichts. Stürzen Sie sich mit Mut und Zuversicht auf Ihre Zukunft. Bedenken Sie, wenn alles nach Statistik liefe, gäbe es keinen Fortschritt und keinerlei Veränderung.

> *"Wie oft musste wohl der erste Mensch, der Feuer gemacht hat, Hölzchen reiben oder mit Steinen Funken schlagen, bis es geklappt hat. Hätte er oder später Edison, der angeblich erst tausend nicht funktionierende Glühbirnen erfunden hat, an Statistiken geglaubt, dann säßen wir heute im Dunkeln und äßen alles roh."*

Egal was die Statistiken sagen, Sie können es trotzdem schaffen. Vielleicht brauchen Sie mehr Hartnäckigkeit und Ausdauer. Aber dafür sind sie dann auch stärker, als die, denen etwas einfach in den Schoß fällt.

VIII. Arbeitslos - die Herausforderung

Ich hoffe, ich habe Sie mitziehen können, sodass Sie sich darauf freuen, für einen neuen, besseren Job (was immer Sie als besser ansehen) oder für Ihre Selbstverwirklichung auf andere Art zu kämpfen. Trotzdem müssen wir uns den Problemen stellen, die durch die Arbeitslosigkeit auf uns zu gekommen sind.

Geld

Das Problem, das in der Regel einen Gefeuerten neben der emotionalen Verletzung (von der aber kaum jemand spricht) am meisten drückt, ist das Geld. Geld bedeutet in unserer Gesellschaft Lebensstandard, Sicherheit und Vorsorge. Das monatliche Einkommen ist bei vielen Familien von A bis Z verplant, und zwar das ganze Einkommen, nicht nur die 60 oder 67 Prozent des Leistungsentgeltes, die man als Arbeitslosengeld erhält, wenn man die Bedingungen erfüllt.

Arbeitslosengeld (ALG I)

Manch einem ist es peinlich, zur Agentur für Arbeit zu gehen und Arbeitslosengeld zu beantragen. Aber bedenken Sie: Sie haben jahrelang in eine Versicherung eingezahlt und nun ist leider der Schadensfall eingetreten. Bei einem Einbruch in Ihre Wohnung oder bei einem Unfall mit dem Auto würden Sie auch zur Versicherung gehen!

Wie jede Versicherung, prüft auch die Agentur für Arbeit, ob Sie Ansprüche haben.

Anspruch auf Arbeitslosengeld (ALG I)

Anspruch auf ALG I haben Sie, wenn Sie arbeitslos sind (oder an einer geförderten beruflichen Weiterbildung teilnehmen) und die Anwartschaftszeit erfüllen. Die Anwartschaftszeit erfüllen Sie, wenn Sie in den letzten zwei Jahren vor der Arbeitslosmeldung mindestens zwölf Monate in einer versicherungspflichtigen Beschäftigung waren. Das ist die vereinfachte Definition, aber es gibt Ausnahmen, bei denen beispielsweise der Zeitraum ausgeweitet wird. Einzelheiten dazu finden Sie im Merkblatt für Arbeitslose 1 "Ihre Rechte und Pflichten" der Bundesagentur für Arbeit, das ich Ihnen ans Herz legen möchte. Sie erhalten es, wie viele andere hilfreiche Broschüren und Merkblätter, bei jeder Agentur für Arbeit. Sie können es auch im Internet herunterladen oder über die Internetseite *www.ba-bestellservice.de* bestellen (Geben Sie in die Volltextsuche *Merkblatt für Arbeitslose* ein).

Damit Sie möglichst schnell und auch vom ersten Tag an Arbeitslosengeld (ALG I) erhalten, ist es unbedingt notwendig, sich innerhalb von drei Tagen, nachdem Sie von der Beendigung des Arbeitsverhältnisses erfahren haben, *persönlich (in Person, nicht per Telefon)* bei der Agentur für Arbeit, die für Sie zuständig ist, arbeitssuchend zu melden. Sollten Sie schon mehr als drei Monate vorher von dem Jobverlust wissen, dann müssen Sie dies *spätestens drei Monate vorher* tun. Melden Sie sich nicht rechtzeitig, droht Ihnen eine Sperrzeit. Im Zweifelsfall rufen Sie bei der Arbeitsagentur an und fragen, wann Sie persönlich erscheinen müssen.

Das persönliche Melden macht nicht gerade Spaß und man muss damit rechnen, einige Zeit in Warteräumen zu verbringen. Andererseits gibt es dort viele interessante Broschüren zu lesen und Computerarbeitsplätze für die

Stellensuche im Internet und das Lesen der hausinternen Informationen sind auch vorhanden.

Bis auf die Nummernzieherei und Warterei habe ich persönlich keine schlechten Erfahrungen mit der Arbeitsagentur gemacht. Die Mitarbeiter behandelten mich immer höflich und freundlich. Sie unterstützten mich auch, als ich nach vergeblicher Arbeitssuche eine Fortbildung vorschlug, die meinem neuen Berufswunsch entsprach. Das liegt aber sicherlich auch daran, dass ich mich an die Spielregeln hielt, die da sind:

- Behandeln Sie die Mitarbeiter der Agentur für Arbeit so, wie Sie an deren Stelle behandelt werden wollen. Sie haben ihre Vorgaben, an die sie sich halten müssen. Machen Sie ihnen das Leben leicht.
- Gehen Sie zu den angebotenen Veranstaltungen und freuen Sie sich, wenn man Ihnen Stellen vorschlägt, egal wie daneben die sind. Mein Arbeitsberater/-vermittler hatte nie Stellen, die tatsächlich auf mich passten (was nicht seine Schuld war, es gab damals keine), aber wenn er mir eine Stellenanzeige zugeschickt hat, habe ich immer eine Bewerbung dorthin geschickt - ohne Diskussion. Das hat sich dann von selbst erledigt, denn ich bekam eine Absage, weil mein Profil nicht passte. So haben er und ich unseren guten Willen gezeigt.
- Führen Sie ordentlich Buch über Ihre Bemühungen. Das hilft auch, selbst den Überblick zu behalten.

Sie sind verpflichtet, sich selbst zu bemühen, die Arbeitslosigkeit zu beenden. Um meine diesbezüglichen Aktivitäten zu belegen, habe ich eine Tabelle (das geht auf Papier oder in Excel) angelegt, die folgende Spalten enthielt:

- Fortlaufende Nummer
- Datum der Bewerbung
- Berufsbezeichnung
- Firma, Adresse, Ansprechpartner
- Art der Bewerbung (initiativ oder auf eine Anzeige)
- Wie gefunden (wo im Internet oder in welcher Zeitung)
- Wann ich telefonisch nachgehakt habe
- Reaktionen der Firma (Bestätigung am, Einladung zum Gespräch am …, Absage …)

In diese Tabelle habe ich auch Besuche auf Jobmessen, Bewerbungstrainings usw. eingetragen.

Arbeitslose ohne Kinder erhalten 60 Prozent, Arbeitslose mit mindestens einem Kind erhalten 67 Prozent des Leistungsentgeltes vor der Arbeitslosigkeit.

Wie lange man Arbeitslosengeld erhält, hängt davon ab, wie viele Monate man in den letzten fünf Jahren Beiträge zur Arbeitslosenversicherung gezahlt hat. Menschen vor der Vollendung des 50. Lebensjahres erhalten maximal zwölf Monate lang Arbeitslosengeld (ALG 1). Menschen nach Vollendung des 50. Lebensjahres und einer versicherungspflichtigen Beschäftigung von mindestens 30 Monaten in den letzten fünf Jahren erhalten bis zu 15 Monate lang, ab dem 55. Lebensjahr und bei 36 Monaten versicherungspflichtiger Beschäftigung in den letzten 5 Jahren bis zu 18 Monate und ab dem 58. Lebensjahr und 48 Monaten Versicherungspflichtverhältnis in den letzten fünf Jahren 24 Monate lang Arbeitslosengeld.

Arbeitslosengeld (ALG II) /Sozialgeld

Seit der Einführung des neuen Sozialgesetzbuches II (SGBII) am 1.1.2005 wurden die früheren Leistungen Arbeitslosenhilfe und Sozialhilfe zusammengelegt. Diese neue Leistung nennt sich nun Grundsicherung für Arbeitsuchende.

Sollten Sie keinen Anspruch auf Arbeitslosengeld (ALG I) haben oder ist Ihr Anspruch sehr gering, stehen Ihnen vielleicht Leistungen zur Grundsicherung für Arbeitsuchende zu. Neben der möglichen finanziellen Hilfe (Geldleistungen wie ALG II, Sozialgeld, Einstiegsgeld usw.) werden auch Eingliederungsleistungen (Vermittlungs- und Förderangebote) angeboten.

Genaue Auskunft dazu erhalten Sie je nach Wohnort bei Ihrer örtlichen Agentur für Arbeit, bei Ihrer Kommune oder bei einer der neu gegründeten Arbeitsgemeinschaften (ARGE).

Viele Informationen finden Sie in den verschiedenen Merkblättern der Arbeitsagentur und über die Internetseite *www.ba-bestellservice.de (Merkblatt Grundsicherung für Arbeitsuchende).*

Finanzplan

Sie brauchen einen Plan, wie Sie die nächste Zeit finanziell durchstehen.

Machen Sie als Erstes eine genaue Aufstellung Ihrer monatlichen Einnahmen (Arbeitslosengeld, Einnahmen aus Wertpapieren, Miete und Ähnliches) und Ausgaben (alles, was anfällt - vom Haushaltsgeld über Strom bis Ratenzahlungen und Schulbücher). Denken Sie auch an

Versicherungsbeiträge, die vielleicht nur einmal jährlich fällig werden.

Schätzen Sie ab, wie lange Ihre Arbeitslosigkeit eventuell dauern kann. Berechnen Sie verschiedene Szenarien (wie läuft es bestenfalls, wie schlimmstenfalls). Reichen Ihre Einnahmen beziehungsweise die Ersparnisse für diese Zeit?

Überlegen Sie, wo es bei Ihren Ausgaben Einsparpotenzial gibt (vielleicht mit der Familie zusammen, nach dem Motto: Wer hat die besten Ideen?) und ob es unter Umständen Quellen für zusätzliche Einnahmen gibt. Sie dürfen zum Arbeitslosengeld dazuverdienen, wenn die Arbeitszeit für die Nebentätigkeit 15 Stunden wöchentlich nicht erreicht. Dabei gilt ein Freibetrag von 165 Euro, der nicht auf das Arbeitslosengeld angerechnet wird - unter bestimmten Umständen auch mehr. Informationen erhalten Sie beispielsweise in dem Faltblatt "Wissenswertes zum Thema Nebeneinkommen".

Möglicherweise haben Sie auch zusätzlichen Anspruch auf ALG II und Sozialgeld (siehe Abschnitt vorher).

Erwägen Sie unter Umständen folgende Möglichkeiten:

- Sparverträge vorübergehend ruhen zu lassen,

- weniger wichtige Versicherungen ruhen zu lassen

- Tilgungszahlungen (nach vorheriger Absprache mit dem Vertragspartner) ruhen zu lassen.

Aber lassen Sie sich, bevor Sie mit der Bank oder der Lebensversicherung über Ihre persönliche Situation sprechen, über die etwaigen Nachteile beraten, und zwar von einer

Schuldnerberatung oder einer Beratungsstelle der Verbraucherzentralen.

Schuldnerberatungsstellen finden Sie im Internet unter *www.forum-schuldnerberatung.de* oder *www.meine-schulden.de* oder über das Bundesministerium für Familie, Senioren, Frauen und Jugend: 01801 907050 (kostenpflichtige Telefonnummer).

Verbraucherzentralen finden Sie im Internet unter der Adresse *www.vzbv.de*

Mit der Situation klarkommen

Gerade habe ich im Internet den deprimierenden Bericht einer jungen Frau gelesen, die ihren Job verloren hat. Sie beschreibt, wie sie und ihre Kollegen monatelang in einem jungen Startup-Unternehmen bis zum Umfallen gearbeitet haben und die Firma dann doch pleiteging. Sie fühlt sich so ausgestoßen wegen ihrer Arbeitslosigkeit, weil alle, die noch Jobs haben, „spielen" dürfen, aber sie mit den Rentnern im Park rumhängt und es hasst.

Gleich danach fand ich einen anderen Artikel zu den vielen „freigesetzten" Potenzialen aus der New Economy. Der Autor entwirft eine Vision von kreativen Kräften, die zusammen neue Perspektiven finden. Der Artikel war ziemlich vage und abgehoben für meinen Geschmack, aber es ist was Wahres dran.

Schaffen wir uns unsere eigene Realität. Tun wir, was möglich ist, um einen neuen Job zu finden, eine Firma zu gründen oder was auch immer wir als unser Zukunftsprojekt ansehen, aber nutzen wir unsere Zeit und Energie auch, um neue Netze beruflicher und persönlicher Art zu knüpfen. Was spricht dagegen, wenn wir uns austauschen, gegenseitig helfen und zusammen Spaß haben? Warum den Rentnern im Park beim Taubenfüttern zuschauen, statt dort miteinander Frisbee zu spielen? Wir könnten uns gegenseitig unterrichten, beraten oder zusammen Laientheater spielen. Ideen und Initiative sind gefragt. Eine Plattform zum Zusammenfinden gibt es bei *www.endlich-arbeitslos.de.*

IX. Zurück auf den Arbeitsmarkt?

Wir haben uns vom früheren Job abgenabelt, wir haben herausgefunden, was wir können und was uns wichtig ist. Wir gehen gedanklich vorwärts und machen Pläne für die Zukunft.

Mein persönlicher, übergeordneter Plan war es, irgendwann sagen können: Der Jobverlust war das Beste, das mir passieren konnte, denn ich habe mich nicht unterkriegen lassen, sondern das Beste aus der Situation gemacht. Und was dabei herauskam, übertraf alles, was mir der alte Job hätte geben können.

Vielleicht formulieren Sie für sich einen Leitspruch. Zum Beispiel:

- Ob ich glücklich oder unglücklich, erfolgreich oder nicht erfolgreich bin, ist weniger eine Sache von dem, was mir schicksalhaft widerfährt, sondern was ich daraus mache.

- Ich kann zwar nicht den Wind bestimmen, aber ich kann die Segel setzen.

- Wenn mir das Leben Zitronen gibt, dann mache ich Limonade daraus.

Wie machen Sie nun Ihren Leitspruch wahr? Machen Sie einen Plan.

- Wollen Sie darauf hinarbeiten, einen schöneren, erfüllenderen, wertvolleren Job als den vorherigen zu bekommen?

- Wollen Sie Ihre Kräfte dafür einsetzen, die Karriereleiter hinaufzufallen, einen besseren Job im Sinne von Karriere und Verantwortung zu finden?

- Ist Ihr Ziel, mehr Geld zu verdienen als bisher?

- Wollen Sie bessere Arbeitsbedingungen haben (schöneres Büro, schönere Gegend, kürzere Anfahrt, noch nettere Kollegen usw.)?

- Ist es Ihr Ziel, den Sprung in die Selbstständigkeit zu schaffen?

- Oder haben Sie die Nase voll vom Rattenrennen. Sie wollen es verlassen, auf eine Insel abhauen und nur noch malen?

Machen Sie sich nun Ihre Liste mit Ihren persönlichen Unterzielen und schreiben Sie zu jedem Ihrer Ziele, die nächsten Schritte auf, die Sie gehen müssen.

Beginnen Sie nun sofort mit den ersten Taten:
Recherchieren Sie über Ihren Wunscharbeitgeber im Internet. Bestellen Sie sich die Unterlagen für die Abendschule oder melden Sie sich zu einem Online-Kurs an. Geben Sie Ihr Profil in eine Jobsuchmaschine ein. Informieren Sie sich über Hauspreise auf der einsamen Insel Ihrer Wahl.

Lesen Sie Ihre Ziele regelmäßig durch und ergänzen Sie die Schritte, die als Nächstes fällig werden.

Im Folgenden ein paar Tipps zu verschiedenen Aspekten der Jobsuche.

Bewerben

Nach Angaben, die ich mir anlässlich einer Bewerbungsschulung 2003 aufgeschrieben habe (leider ohne Quelle), kommen Einstellungen prozentual über folgende Wege zustande:

- 16 % über Empfehlungen von Mitarbeitern (daher ist es zu empfehlen, sich im Freundes- und Bekanntenkreis umzuhören)

- 13 % über das Arbeitsamt

- 42 % über Stellenanzeigen

- 12 % über Initiativbewerbungen

- 1 % über Aushänge

Leider habe ich keine verlässliche Information, in welchem Maße inzwischen Vermittlungsagenturen und Headhunter bei der Jobfindung eine Rolle spielen – vermutlich ist das nach Branche ganz unterschiedlich.

Eins ist aber anhand solcher Zahlen auf jeden Fall klar: Es ist nicht ratsam, alle Hoffnung auf die Stellenangebote, die man vom Arbeitsamt bekommt, zu setzen. Vor allem die Stellenanzeigen in den Zeitungen (Tageszeitungen, Fachzeitungen), in Online-Berufsnetzwerken (XING, LinkedIn, spezifische Netzwerke) und in den Internetjobbörsen bieten gute Erfolgsaussichten.

Apropos Bewerbungen über das Internet: Bitten Sie bei Bewerbungen per Mail um eine kurze Bestätigung, dass Ihre Bewerbung eingegangen ist. Haken Sie ein bis zwei Wochen später freundlich und unaufdringlich per Telefon bei der Kontaktperson nach, ob man Sie bereits in die engere Auswahl gezogen hat. Erwähnen Sie dabei mit einer gewissen Freude und Optimismus, dass das Stellenangebot genau Ihren Wünschen Fähigkeiten entspricht und Sie diese sehr gerne für diese spezielle Firma einsetzen möchten. Erzählen Sie das auch, wenn man Ihnen gerade eine Absage erteilt hat – mit freundlichem Bedauern. Die Verantwortlichen sollen Sie in positiver Erinnerung behalten, Sie brauchen den positiven Eindruck vielleicht beim nächsten Versuch. Behalten Sie den Kopf oben!

Ein persönlicher Rat von mir ist, bei den Bewerbungen vor allem Wert auf Qualität und weniger auf Quantität zu legen. Es hört sich zwar beeindruckend an, wenn jemand 90 Bewerbungen pro Monat verschickt, aber trotzdem keine Stelle findet. Aber Sie wollen niemanden beeindrucken, Sie wollen einen Job.

Je mehr man sich bei seiner Bewerbung auf die Firma einlässt, desto größer sind die Chancen meiner Erfahrung nach, in die engere Wahl gezogen zu werden. Diese Qualität kann man aber bei 90 Bewerbungen pro Monat nicht mehr schaffen, denn man muss die Firma und die Stellenausschreibung genau unter die Lupe nehmen und sowohl das Anschreiben als auch den Lebenslauf genau dieser Situation anpassen.

Ich habe immer eine genaue Vorauswahl getroffen, welche Stelle ich wirklich wollte. An die entsprechende Personalabteilung habe ich dann eine sehr ausgefeilte Bewerbung geschickt. Auch den Lebenslauf habe ich speziell auf die gewünschte Stelle zugeschnitten. Das heißt nicht, dass ich irgendetwas gefälscht habe, und das würde ich Ihnen auch nicht raten. Aber bei jeder früheren Tätigkeit hat man ganz unterschiedliche Dinge getan, und diejenigen Aspekte, die zu der jetzt gewünschten Stelle passen, stellt man im Lebenslauf (und im Anschreiben auch) in den Vordergrund.

Begriffe in Stellenausschreibungen

Man sollte sich grundsätzlich nicht von Anforderungen in einer Stellenausschreibung abschrecken lassen. Wenn Sie meinen, dass der ausgeschriebene Job Ihr Traumjob ist und dass Sie das, was Ihnen an Fachwissen oder anderen Qualitäten fehlt, lernen können, dann bewerben Sie sich.

Beispiel: In jeder zweiten Stellenausschreibung wird ein Diplom-Informatiker gesucht. So viele gibt es davon aber gar nicht. Meine Erfahrung ist: Wenn der Personalsuchende den studierten Informatiker nicht findet, nimmt er den Quereinsteiger. Der muss allerdings im Bewerbungsschreiben und im Gespräch überzeugend rüberbringen, dass er im Thema drin steht, bestens geeignet ist, und falls er irgendetwas noch nicht kann, dies in Eigeninitiative (notfalls unter persönlichem Zeit- und möglicherweise auch Geldaufwand) lernen wird.

In Stellenausschreibungen findet man immer wieder Begriffe wie Kreativität, Flexibilität, Belastbarkeit, Kompetenz. Was verbirgt sich dahinter?

Kreativität

Hinter diesem Begriff können sich ganz unterschiedliche Fähigkeiten verbergen: Fantasie haben, eigene Ideen haben, gestalterische Fähigkeiten, sich einbringen können in Projekte, eingefahrene Gedankenmuster verlassen können usw. Irgendeine trifft vermutlich auch auf Sie zu. Also lassen Sie sich von der Anforderung „Kreativität" nicht abschrecken, wenn Sie eine Stelle interessant finden.

Flexibilität

Flexibilität ist die Fähigkeit beziehungsweise Möglichkeit sich anpassen zu können, beispielsweise an wechselnde Arbeitszeiten, an wechselnde Einsatzorte oder an wechselnde Gegebenheiten (Aufgabengebiete, unplanbare Situationen usw.).

Belastbarkeit

Mit Belastbarkeit kann Flexibilität, Geduld, Anpassungsfähigkeit, Disziplin, Durchstehvermögen, Fähigkeit zum effektiven Zeitmanagement, aber auch körperliche Belastbarkeit gemeint sein.

Kompetenz

Kompetenz kann bedeuten: fachliches Wissen, Zertifizierungen, Persönlichkeit, Autorität, Ausstrahlung, vertrauenerweckend, gemeinschaftsorientiert (soziale Kompetenz).

Verantwortungsbewusstsein

Auch hinter diesem Wort kann sich vieles verbergen: Gewissenhaftigkeit, Pünktlichkeit, Sorgfalt, Termine einhalten, für Fehler geradestehen können, Eigenkontrolle, Ehrlichkeit, Bereitschaft für Überstunden, Einstehen für das Team, für Kollegen, Projekt oder die Firma. Denken Sie an das, was Sie bieten können, wenn Sie das geforderte Verantwortungsbewusstsein bestätigen.

Ausgleich

Wenn Sie nach Ihrem Ausgleich zum Beruf gefragt werden, sollten Sie nicht sagen, dass Sie gerne nächtelang in der Kneipe abhängen, obwohl Geselligkeit bei manchem Arbeitgeber schon positiv bewertet werden könnte. In der Regel kommen besser an: sportliche Aktivitäten, künstlerische oder handwerkliche Hobbys, Tätigkeiten in Vereinen (solange diese nicht zu vereinnahmend sind, werden sie als Zeichen für soziale Kompetenz gedeutet), Reisen.

Gehaltsvorstellungen

Gehaltsvorstellungen sollte man im Bewerbungsschreiben nur angeben, wenn dies ausdrücklich verlangt wird. In das Vorstellungsgespräch sollten Sie aber auf jeden Fall mit klaren Vorstellungen gehen. Dazu müssen Sie sich unter Umständen vorab über die Tarife der Branche informieren. Wenn die Arbeitgeberseite dann ihre Gehaltsvorstellungen präsentiert, fragen Sie, ob darin auch Überstunden und Mehrarbeit, Weihnachtsgeld und Urlaubsgeld enthalten sind. Hier haben Sie eventuell Verhandlungsspielraum.

Bewerbungsgespräche vorbereiten

Wenn man eine Einladung zu einem Bewerbungsgespräch erhält, sollte man sich vorbereiten, um seine Chancen auf eine Einstellung zu verbessern. Dazu gehört das Folgende:

- Den Anfahrtsweg und die Anfahrtszeit auskundschaften, damit man dann am Tag der Bewerbung pünktlich erscheint.

- Kleidung und Auftreten planen (sich im Geiste aus der Sicht der Firma betrachten). Körpersprache und Tonfall machen etwa 91 % des Eindrucks bei einem Vorstellungsgespräch aus. Einfluss des Inhalts wird von Bewerbungstrainern mit nur etwa 9 % angegeben. Andererseits denke ich aber, dass jemand, der sich inhaltlich gut vorbereitet hat, auch ein viel sichereres, selbstverständlicheres Auftreten hat und dadurch möglicherweise besser ankommt.

- Informationen über die Firma, die Abteilung, die neue Aufgabe recherchieren und eventuell ein paar Stichpunkte auswendig lernen.

- Wenn man weiß, dass eine bestimmte Fertigkeit Voraussetzung für die neue Stelle ist, fühlt man sich besser, wenn man diese Fertigkeit vorher zu Hause übt, sodass man sagen kann: Ja, damit bin ich vertraut. Taucht im Bewerbungsgespräch eine Anforderung auf, von der Sie keine Ahnung haben, ist es keine Schande zu sagen: Dies kenne ich zwar nicht, aber ich lerne sehr schnell, habe schon etwas Ähnliches gemacht und ich bin sicher, dass ich auch dies lernen kann.

- In einem Bewerbungsgespräch muss man meist seinen beruflichen Werdegang in einigen Sätzen erzählen. Man macht sich daher am besten vorher eine Liste seiner Stationen und überlegt, wie man sie bei diesem speziellen Arbeitgeber vorbringen will. Es ist gut, wenn man diese Vorstellung zu Hause ein paar Mal übt (eventuell auch in einer Fremdsprache, falls man damit rechnen muss, sich in der Fremdsprache vorzustellen, die entsprechenden Redewendungen und Berufsbezeichnungen unbedingt vorher raussuchen). Beim Üben sollte man darauf achten, an welchen Stellen man leicht ins Labern kommt und Dinge sagt, die man gar nicht erzählen will (zum Beispiel, weil sie gar nicht auf diese Stelle passen). Solange üben, bis man über die Laberstellen hinwegkommt.

- Denken Sie daran, Sie wollen in dem Bewerbungsgespräch auf Ihre guten Seiten aufmerksam machen und der Lebenslauf (auch der schriftliche) sollte darauf hingetrimmt sein, die Kenntnisse, Fähigkeiten und Erfahrungen hervorzuheben, die zu der gewünschten Stelle passen. Den Rest lässt man weg, weil es niemanden interessiert.

- Überlegen Sie sich drei positive Eigenschaften, die Sie vorbringen könnten, wenn Sie danach gefragt werden. Zum Beispiel: Verantwortungsbewusstsein, Mitarbeiter gut motivieren können, in Teams harmonisierend wirken. Ihre Beispiele sollten zu der ausgeschriebenen Stelle passen.

- Überlegen Sie sich drei negative Eigenschaften, die Sie vorbringen könnten, falls Sie danach gefragt werden. Diese sollten sich aber auch positiv auslegen lassen können (in diesem speziellen Job). Zum Beispiel: Ich bin teilweise ein ungeduldiger Mensch. Ich möchte meine Arbeit immer schnell (aber natürlich auch gut) erledigen. Um dies zu erreichen, arbeite ich schnell und konzentriert. Ich muss mich dann auch mal regelrecht zwingen, loszulassen und Pause zu machen. In diesem Beispiel ist die Ungeduld mit Fleiß und Verantwortungsgefühl gepaart. (Ungeduld wäre aber nicht gut zu erwähnen, wenn Sie sich für einen Job bewerben, bei dem es vor allem auf Sorgfalt ankommt, beispielsweise bei einer Bewerbung als Chirurg).

- Warum sollten ausgerechnet Sie für die Stelle ausgesucht werden? Überlegen Sie, was Sie in zwei bis drei Sätzen auf diese Frage antworten könnten.

Bewerbungstraining und Beratung durch Fachleute

Ich persönlich habe sehr gute Erfahrungen mit Bewerbungstrainings und Coachings (Beratung und Förderung) durch ausgebildete TrainerInnen gemacht.

Vielleicht haben Sie die Möglichkeit über die Agentur für Arbeit an einem Bewerbungstraining teilzunehmen. Vielleicht entscheiden Sie sich aber auch, selbst in eine derartige Beratung zu investieren. Suchen Sie sich einen Coach, der sich in der Branche, in die Sie wollen, auskennt.

Ich empfand das Bewerbungstraining und Coaching als sehr aufbauend. Es verhalf mir nicht nur zu besseren

Bewerbungsschreiben, sondern zu Selbstbewusstsein und professionellem Auftreten beim Bewerbungsgespräch. Wichtig war für mich auch, dass mir jemand dabei half, vor dem Gespräch (und der Gehaltsverhandlung) meinen „Marktwert" festzustellen.

Rosa Schlüpfer-Partys

Pink-Slip-Partys heißen die Partys der Gefeuerten aus der Internetbranche in Amerika. Pink Slips sind in Wahrheit natürlich keine rosa Unterhosen, sondern in den USA wurden die Kündigungsschreiben auf rosafarbenem Papier verschickt.

Jedenfalls sind diese Partys dazu da, sich zu treffen, Erfahrungen auszutauschen und es werden auch Personalberater und Leute eingeladen, die Jobs zu vergeben haben.

Solche Partys gibt es inzwischen auch in Deutschland mit unterschiedlichen Erfolgen. Auch wenn man sich nicht allzu viel erwarten sollte, kann eine Pink-Slip-Party eine interessante Lebenserfahrung sein.

Netzwerken zur Jobfindung

Ein Jobsuchender, der sich im Keller versteckt und keine Kontakte hat, hat wenig Chancen, von einem potenziellen Arbeitgeber, Vermittler oder Headhunter entdeckt zu werden. Durch Kontakte verbessert man seine Chancen auf einen Job und überhaupt erweitert man seinen ganzen Lebenshorizont. Beruflich netzwerken – mit anderen in Kontakt treten – kann man auf Netzwerk- oder Fachveranstaltungen (zum Beispiel auf Messen, Fachtagungen, bei Vorträgen und

Produktvorstellungen) oder auf Business-Netzwerk-Portalen im Internet wie *www.xing.de, www.linkedin.com*. Inzwischen gibt es aber für jede Branche und für jede Gruppe auch lokale Netzwerke. Sie finden Sie mit jeder Suchmaschine im Internet oder in Fachzeitungen. Gehen Sie zu solchen Veranstaltungen, lernen Sie neue Leute aus Ihrer Wunschbranche kennen und bilden Sie sich gleichzeitig fort.

Fortbildung

Mit der richtigen Qualifikation verbessern Sie Ihre Chancen auf dem Arbeitsmarkt. Berufliche Weiterbildung wird unter bestimmten Voraussetzungen von der Agentur für Arbeit gefördert – dazu müssen Sie sich *vor Beginn* der Fortbildung beraten lassen. Wenn Sie die Fördervoraussetzungen erfüllen und Sie den zuständigen Mitarbeiter der Agentur für Arbeit überzeugen können, dass Sie mit dieser Fortbildung Ihre Arbeitslosigkeit beenden können, bekommen Sie einen Bildungsgutschein, mit dem Ihnen die Kostenübernahme der Maßnahme und die Weiterzahlung des Arbeitslosengeldes zugesichert wird.

Aktuelle Informationen finden Sie in den Broschüren der Agentur für Arbeit (Merkblatt Förderung der beruflichen Weiterbildung) und bei *www.arbeitsagentur.de* unter KURSNET (dort gibt es eine umfassende Datenbank mit Weiterbildungsangeboten – Achtung, nicht alle werden gefördert).

X. Oder dem Rattenrennen Adé sagen?

Vielleicht ist Ihnen durch das traumatische Erlebnis der Kündigung und möglicherweise durch die Übungen in den vorigen Kapiteln klar geworden, dass Sie keine Lust mehr auf dieses Rattenrennen mit ständiger Erreichbarkeit und Termindruck haben. Plötzlich ist es Ihnen wie Schuppen von den Augen gefallen, dass Ihr wildes Gestrampel im Job das eines gefangenen Hamsters in einem Hamsterrad war. Sie haben wie besessen gearbeitet und was haben Sie davon gehabt? Sie haben die Zeit, die Sie für Ihre Familie, Gemeinde oder für Ihre Hobbys hätten haben können, für Karriere und Geld geopfert. Und was kam dabei heraus? Sie wurden gefeuert und die Zeit ist weg.

Ja, Sie haben gut verdient, aber wie wichtig ist das? Sie entscheiden jetzt möglicherweise, dass Lebensqualität und Erfüllung für Sie überhaupt nichts mit Geld, Konsum und Statussymbolen zu tun haben. Und auf die Anerkennung von irgendjemandem, der sich durch Ihre Arbeit profiliert oder der an Ihnen verdient, pfeifen Sie ab jetzt. Sie wollen raus aus dem Rattenrennen und sich neu orientieren. Sie sehen jetzt, dass Ihre Lebenszeit zu kostbar ist für einen Tanz um das goldene Kalb. Sie haben erkannt, dass Ihr persönlicher Weg anders ist, dass Sie sich lieber der Verwirklichung Ihrer inneren Berufung widmen möchten, auch wenn das ein schlechter bezahlter Beruf oder das völlige Aussteigen aus dem Berufsleben ist. Sie entscheiden, dass Sie sich lieber für Dinge einsetzen möchten, die Sie für wichtig halten, in Ihrer Familie, Gemeinde, für die Natur oder Kultur. Dass Sie der Welt lieber etwas geben möchten, worin Sie einzigartig sind, statt einer der Millionen im Heer der grauen Anzüge zu sein.

Vielleicht sagen Sie sich, dass Sie Ihre Lebenszeit lieber für wertvolles Handeln nutzen wollen, statt dafür, möglichst viel Geld zu verdienen. Obwohl das eine das andere nicht notwendigerweise ausschließt. Aber Sie legen die Priorität jetzt eben auf Wert, Verantwortung und Beständigkeit statt auf oberflächlichen Glanz.

Früher in Rente

Vielleicht gehören Sie zu denen, die eine schöne Abfindung kassieren konnten und/oder Sie stehen kurz vor dem Rentenalter und möchten sowieso so früh wie möglich aus dem Erwerbsleben ausscheiden.

Lassen Sie sich unbedingt *vorher* von Ihrem Arbeitsberater und vom Rentenversicherungsträger zu Ihrer persönlichen Situation beraten, damit Sie nicht von Renteneinbußen, dem Verlust von anderen Ansprüchen oder Ähnlichem überrascht werden.

Aussteigen

Sie haben sich entschlossen, völlig neue Schwerpunkte in Ihrem Leben zu setzen. Geld zu haben oder Karriere zu machen ist Ihnen nicht mehr wichtig. Sie wollen anders leben. Ob mit viel oder wenig Geld auf der hohen Kante, ob jung oder alt: Sie haben die Nase voll vom goldenen Kalb Karriere.

Im Folgenden ein paar Beweggründe für das Aussteigen:

- Muße, Besinnung, Meditation
  Vielleicht sind Sie der Ansicht "Muße, nicht Arbeit, ist entscheidend für mein persönliches Glück". Vielleicht möchten Sie ein einsames Leben mit Angeln und Jagen in der Wildnis von Alaska. Vielleicht möchten Sie einem Bettelorden beitreten.

- Leben auf dem Lande
  Vielleicht ist Ihr Kindheitstraum ein Leben auf dem Bauernhof. Schwere Arbeit und wenig Geld stört Sie nicht, Sie möchten Ihr Gemüse und Ihr Fleisch selbst produzieren und von Ihrer Hände Arbeit leben.

- Kreativität, Leben als Künstler
  Sie wollen sich auf Ihre Kreativität konzentrieren können. Ihr Traum ist ein Leben als Künstler. Sie sind davon überzeugt, Erfolg zu haben. Oder es spielt für Sie überhaupt keine Rolle, ob jemand Ihre Werke anerkennt, Hauptsache Sie können sich frei entfalten.

- Familienzeit
  Lange genug haben Sie die Familie an die letzte Stelle gesetzt, sich immer vor den Karren "Termindruck" und „Höchste Priorität hat das Firmenprojekt" spannen lassen. Nun wollen Sie endlich Familienzeit leben können.

- Soziales Engagement
  Sie finden vielleicht, dass Sie zwar eine tolle Karriere hingelegt haben, aber dass Sie nicht wirklich etwas für Menschen oder für die Welt getan haben. Sie suchen einen neuen Lebenssinn.

- Weltumsegelung, Weltreise
  Seit Jahren ist es Ihr Traum, die Welt zu bereisen. Sie finden, Sie haben es sich verdient.

Oder erst einmal nur für ein Jahr?

Die Vorstellung, ganz auszusteigen, erschreckt Sie, obwohl es am Aussteigen Aspekte gibt, die Sie reizen. Vielleicht möchten Sie einfach die Gelegenheit nutzen, ein Jahr auszusteigen, um herauszufinden, wohin Sie eigentlich mit Ihrem weiteren (Berufs-) Leben wollen.

Wenn Sie dazu nicht verreisen und Ihren Pflichten als Arbeitsloser nachkommen, müssen Sie nicht mal auf das Arbeitslosengeld verzichten, vorausgesetzt Sie wurden gekündigt (wenn Sie selbst kündigen und/oder eine Abfindung kassiert haben, werden unter Umständen Sperrzeiten verhängt).

Aber wenn Sie wirklich frei sein wollen, dann müssen Sie einen Plan haben, wie Sie die Zeit finanziell ohne Hilfe überstehen.

Beweggründe für eine befristete Auszeit ("Sabbatical" genannt):

- Dem Burn-out-Syndrom (Ausgebranntsein) vorbeugen

- Auslandsaufenthalt, beispielsweise um eine Sprache zu lernen

- Weiterbildung oder Fortbildung, beispielsweise um einen Abschluss nachzumachen

- Reisen

- Überlebenstraining, Selbstverwirklichung, Selbsterfahrung

Wandlungen

Sie haben sich für den Weg des Aussteigens entschieden und Sie fragen sich, wieso Sie sich so lange mit dem Leben des Hamsters im Hamsterrad zufriedengegeben haben? Versöhnen Sie sich mit Ihrer Karrierevergangenheit. Frei nach Herrmann Hesse: Auch Siddhartha hat viele Phasen durchgemacht, bevor er erleuchtet wurde. Erfahrungen und Wandlungen gehören zum Weisewerden dazu. Nur wer dumm ist, verändert sich nie.

Aber nichts ist nur schwarz oder nur weiß. Aspekte des Angestelltendaseins, die Ihnen eventuell fehlen werden, sind beispielsweise:

- Zeitliche Strukturierung des Tages und der Woche

- Kontakte, Ansprache

- Gemeinschaftliche Erfolgserlebnisse

- Herausforderungen

Also sorgen Sie am besten gleich für den entsprechenden Ersatz. Geben Sie Ihrem Tag eine Struktur. Planen Sie feste Zeiten für Gleichgesinnte, Freunde und Bekannte ein. Suchen Sie sich Herausforderungen, die Sie mit anderen zusammen meistern können.

XI. Oder die eigene Firma?

Sich selbstständig zu machen beziehungsweise die Gründung eines Unternehmens kann ein Weg aus der Arbeitslosigkeit sein. Sie erhalten während der schwierigen Planungsphase Arbeitslosengeld (solange es noch inoffiziell ist, Sie sich vorbereiten und die Möglichkeiten prüfen) und später eventuell einen Gründungszuschuss (Informationen dazu finden Sie in der Broschüre *Hinweise und Hilfen zur Existenzgründung* von der Bundesagentur für Arbeit).

Wenn Sie einen Gründungszuschuss bewilligt bekommen, erhalten Sie in den ersten sechs Monaten einen Zuschuss in der Höhe des zuletzt bezogenen Arbeitslosengeldes plus monatlich 300 Euro zur sozialen Absicherung. Danach gibt es neun Monate lang nur noch die 300 Euro monatlich zur sozialen Absicherung.

Grundsätzlich sollten Sie sich darüber klar werden, was Sie mit Ihrer eigenen Firma bezwecken. Geht es Ihnen vor allem darum, das zu tun, was Sie gerne tun und gut können? Ist es Ihnen egal, ob Sie damit Geld machen oder nicht, Hauptsache Sie kommen einigermaßen über die Runden? Oder haben Sie eine großartige Geschäftsidee, auf der Sie ein expandierendes, wirtschaftlich erfolgreiches Unternehmen aufbauen wollen?

Wenn Sie Ihre eigene Firma aufbauen, kommt es nicht nur auf Ihre fachlichen oder handwerklichen Fähigkeiten an. Sie müssen planen und organisieren, sich und ihre Idee verkaufen können. Sie sind dann nämlich Arbeitgeber und Arbeitnehmer in einem. In der Regel müssen Sie zumindest in den ersten Jahren für weniger Geld mehr arbeiten als ein Angestellter. Außerdem müssen Sie sich selbst versichern und Notfallpläne für Ihren krankheitsbedingten Ausfall parat haben.

Der Vorteil der Selbstständigkeit liegt darin, dass Sie selbst entscheiden dürfen, was wann wie zu tun ist. Doch glauben Sie nicht, dass Sie dann keinen Boss mehr haben: Jeder Ihrer Kunden wird Ihr Boss sein.

Solange es Ihnen eher um Spaß und Selbstverwirklichung geht, reicht es, wenn Sie Ihr Handwerk beherrschen, die Papierarbeit kriegen Sie dann mithilfe eines Steuerberaters auch noch irgendwie hin.

Wenn Sie aber davon träumen, dass sich Ihre Firma zu einem profitablen Unternehmen entwickelt, dann sollten Sie sich darüber klar sein, dass Sie andere Qualitäten mitbringen oder erlernen müssen. Ihre „handwerklichen" Qualitäten werden Sie dann in der täglichen Arbeit kaum noch anbringen, Sie brauchen eine Vision, einen Plan, Organisationstalent, Marketingkenntnisse, Zähigkeit, Kontakte, sprich: unternehmerische Qualitäten. Das „Handwerk" wird dann jemand anderer ausführen müssen, da Sie dazu keine Zeit mehr haben werden, wobei Sie aber Ihre Art, die Dinge zu tun, anderen (Ihren Mitarbeitern) weitergeben können.

Weitere Informationen zur Existenzgründung aus der Arbeitslosigkeit findet man zum Beispiel im Internet unter folgender Adresse (Bundesministerium für Wirtschaft und Arbeit):
http://www.bmwi.de/DE/Themen/Mittelstand/Gruendungen-und-Unternehmensnachfolge/existenzgruendung,did= 508814.html

Buch- und weitere Linktipps finden Sie auch im Anhang.

XII. Endlich den alten Job los – endlich frei!

Heute sage ich mir, mir hätte nichts Besseres passieren können, als auf die Art, wie im ersten Kapitel erzählt, den Stuhl vor die Tür gesetzt zu bekommen. Ich dachte, ich werde zur Mitarbeiterin des Monats gekürt, und erhielt stattdessen einen Tritt.

Es war eine harte, aber wirkungsvolle Lehre, die mich über Werte, Arbeit und Leben an sich nachdenken ließ. Viele Tränen, Wut und Schweiß (viel Sport) hat es gekostet, bis ich sagen konnte: Gott sei Dank, ich bin jetzt frei und kann mich neu entscheiden und orientieren.

Anerkennung von anderen im Beruf wird mir in Zukunft weniger wichtig sein, sie ist zu vergänglich. Stattdessen wird es mehr darum gehen, womit mein Leben an Wert in meinen eigenen Augen gewinnen kann.

"Erfahrung ist nicht etwas, was einem Menschen geschieht. Erfahrung ist das, was ein Mensch aus dem, was ihm geschieht, macht." Aldous Huxley

Alter ist kein Hinderungsgrund

Es dauerte mehr als eineinhalb Jahre, bis ich einen neuen Job fand. Es war übrigens der Job, auf den ich mich als Erstes nach dem Verlust meiner Arbeitsstelle beworben hatte, doch erst beim dritten Versuch klappte es.

Mein erster Vertrag war zunächst auf 18 Monate befristet, dann wurde er verlängert. Als mein Arbeitgeber erkennen musste, dass sich andere Arbeitgeber für mich interessierten und ich mich für sie, erhielt ich mit fast 49 Jahren einen neuen, unbefristeten Arbeitsvertrag.

Trotzdem wechselte ich den Arbeitgeber kurz darauf für eine interessantere Aufgabe, bei der ich weniger im Außendienst sein musste.

Mit 52 wechselte ich dann noch einmal den Beruf und den Arbeitgeber. Ich wurde Web-Content-Redakteurin (mit besserem Gehalt, mehr Urlaub und kürzerer Anfahrt zur Arbeit) und lernte noch einmal ein ganz neues Arbeitsumfeld und eine ganz neue Branche (Geoinformatik) kennen.

Mit fast 55 Jahren entschied ich mich schließlich für die Selbstständigkeit und biete seitdem meine Dienste als freiberufliche Journalistin, Texterin, Autorin und technische Redakteurin an.

Ich habe mich in der Phase zwischen dem verlorenen und dem ersten neuen Job in jede Richtung orientiert, aber favorisierte eine erneute Festanstellung. Dass dies nicht das Ende meines Weges war, liegt daran, dass ich mich weigere, mir von Statistiken meine Zukunft vorschreiben zu lassen. Dass man über 50 noch lange nicht zum alten Eisen gehört, zeigen Beispiele wie Alan Greenspan, der im Alter von 75 Jahren in seine fünfte Amtszeit als Vorsitzender der US-

Notenbank von 4 Jahren berufen wurde. Oder Harland D. Sanders, der mit über 60 Jahren sein Franchise-Geschäft mit Kentucky Fried Chicken begann.

Solange ich lebe und einigermaßen gesund bin, wollte und will ich mich weiterentwickeln. Es gibt noch so viel zu lernen, auszuprobieren und zu realisieren.

Alles Gute und Zähigkeit bei der Verwirklichung Ihrer persönlichen Ziele!

Ihre Lara B. Schreiber

Anhang

Beispiele für interessante Literatur, Anlaufstellen und Internetseiten für Gefeuerte, Outgesourcte und Unglückliche im Job.

Allgemeine Infos für Arbeitslose

Buchtipp

Leitfaden für Arbeitslose: Der Rechtsratgeber zum SGB III. Arbeitslosenprojekt TuWas (2014)

Internet

www.arbeitsagentur.de
www.endlich-arbeitslos.de

Psychologische Hilfe

Anlaufstellen

Arbeitslosentelefonhilfe
Tel.: 040 - 22 75 74 73
www.arbeitslosen-telefonhilfe.de

Telefonseelsorge
Tel.: 0800 - 1110111 (evangelisch)
Tel.: 0800/1110222 (katholisch)
www.telefonseelsorge.de
www.telefonseelsorge.at

Hilfe bei Schulden

Buchtipp

Endlich wieder schuldenfrei
Christina Juckel, Mediatop Verlag, Norderstedt (2006)

Internet

www.forum-schuldnerberatung.de
www.meine-schulden.de

Jobsuche

Bücher

Das große Hesse/Schrader-Bewerbungshandbuch
Hesse/Schrader, Stark Verlag (2015)

Internetseiten

www.arbeitsagentur.de
www.tinto.de/juhuu/job.htm

Existenzgründung

Bücher

Das Geheimnis erfolgreicher Firmen
Michael E. Gerber, ACCORD (2002)

Der Businessplan. Praxisbeispiele für Unternehmensgründer
und Unternehmer.
Ottersbach, Deutscher Taschenbuch Verlag (2012)

Internetseiten

www.gruendungskatalog.de
www.akademie.de/existenzgruendung/index.html
www.gruenderstadt.de

„Aussteigen"

Buchtipp

Sabbatical – Raus aus dem Hamsterrad: Abenteuer,
Reiseträume und Lifestyle-Design.
Jeannette Zeuner, tredition (2014)

www.endlich-arbeitslos.de